참견하는 세상에
휘둘리지 않는 법

참견하는 세상에 휘둘리지 않는 법

내 삶의 기준을 지키는
선택의 기술

챠오쟈 지음 · 이에스더 옮김

알토북스

길을 알면서도
흔들리는 이유

앞선 책이 출간된 지도 어느덧 몇 해가 흘렀다. 그 책을 계기로 강연을 하고, 독자들과 이야기를 나누는 자리마다 유독 반복해서 듣게 되는 질문들이 있다.

"저도 다 아는 이야기인데, 실천은 왜 이리 어려울까요?"
"알고는 있는데, 왜 삶이 즐겁게 느껴지지 않을까요?"

아마 이 질문은 특정한 누군가의 고민이 아니라 우리 모두 한 번쯤 마음속에서 되뇌어 본 말일 것이다. 나 역시 예외는 아니다. 그래서 나는 한동안 곱씹어 보았다. 우리는 왜 이렇게 쉽게 흔들리는지, 왜 옳다고 믿는 방향으로 살아가는 일이 이토록 어려운지…. 내가 도달한 결론은 단순했다. 아는 것만으로는 삶이 바뀌지 않기 때문이다.

우리는 누구나 죽음을 피할 수 없다는 사실을 안다. 삶이 한정되어 있으며, 지금 이 시간이 다시 주어지지 않는다는 것 또한 알고 있다. 이 사실을 받아들였을 때, 우리가 설 수 있는 자리는 두 곳뿐이다. 하루하루를 더 충실하게 살아가거나, 어차피 끝이 정해진 인생이라며 모든 의미를 내려놓는 것.

그러나 현실의 우리는 그 어느 쪽에도 속하지 않는다. 매일 죽음을 떠올리며 살지도 않고, 그렇다고 매 순간을 경건하게 붙잡고 있지도 않다. 우리의 하루를 흔드는 것은 훨씬 더 작고 사소한 일들이다. 누군가의 말 한마디, 인정받지 못했다는 느낌, 밀려난 것 같은 기분, 나만 뒤처지고 있다는 불안. 사랑받고 있는지에 대한 의심, 돈과 일, 가족의 기대와 나의 선택 사이에서의 갈등. 이런 일들이 우리의 마음을 끊임없이 흔든다. 기쁨과 서운함, 만족과 분노가 하루에도 몇 번씩 교차한다.

아이러니하게도 우리가 알고 있는 수많은 '진리'는 이런 순간들 앞에서 좀처럼 힘을 발휘하지 못한다. 그래서 많이 알고 있어도 여전히 마음은 편안해지지 않고, 잘 살아가고 있다는 확신 또한 쉽지 않다. 삶이란 대개 우리가 상상한 모습과는 다르게 흘러가기 때문이다.

어른이 된다는 것은 바로 이 사실을 받아들이는 일인지도 모른다. 삶에는 모범 답안이 없고, 같은 상황에서도 사람마다 전혀 다른 선택을 하며 살아간다. '정답'이나 '완벽한 이치'는 존재하지 않는다. 그것들이 우리에게 줄 수 있는 것은 잠시 멈춰 서서 숨을 고를 수 있는 깨달음과 위로 정도일 뿐이다. 나머지는 각자의 몫이다. 직접 부딪히고, 흔들리고, 다시 일어서며 조금씩 자기만의 삶을 완성해 가야 한다.

이 책은 그 길을 대신 안내해 주지는 못한다. 다만 혼자 걷고 있다고 여겨질 때 옆에서 걸음을 맞춰주는 동행이 되고 싶다.

당신이 이 책의 모든 문장에 동의하지 않아도 괜찮다. 다른 시각 하나를 더 갖게 되는 일은 언제나 삶을 조금 넓혀줄 것이다.

만약 이 글 속에 당신의 마음과 닮은 문장이 있다면, 그 문장이 잠시나마 당신을 위로하고 붙잡아 줄 수 있기를 바란다.

저자 챠오챠

차례

Chapter 1

인생의 밑바닥에서
다시 나를 만나는 시간

삶은 언제나 위로만 흘러가지는 않는다. 누구나 예기치 않게 멈춰 서고, 자신이 서 있는 바닥을 확인하며, 다시 방향을 가늠해야 하는 순간을 맞는다. 이 장은 잘 버티는 방법이 아니라 흔들리는 자신을 외면하지 않는 태도에 대해 이야기한다. 감정을 억누르기보다 이해하려는 태도, 특별하지 않아도 충분히 잘 살아가고 있다는 인식, 그리고 고독을 실패가 아닌 회복의 시간으로 받아들이는 시선이 담겨 있다.

감정을 다룬다는 것의
진짜 의미

우리는 성인이 된 뒤에도 감정 앞에서 쉽게 흔들린다. 그리고 그 불안정함은 혼자 있을 때보다 다른 사람들과의 관계에서 더 또렷하게 체감된다. 타인의 시선과 말, 관계에서 생기는 미묘한 긴장이 느껴지는 순간 감정은 어느새 방향을 잃고 만다. 그래서 다른 사람 앞에서 자신의 마음을 지켜내는 일은 어쩌면 우리에게 가장 기본적인 능력일지 모른다.

그럼에도 많은 사람이 자신의 감정을 관리하거나 훈련하지 않는다. 외부 상황을 기준으로 '지금 화를 내도 되는지', '이 정도 감정 표현은 허용되는지'를 가늠할 뿐, 정작 '왜 지금 화가 나는지', '무엇이 나를 이렇게 불편하게 만드는지', '내가 끝내 놓지 못하는 핵심은 무엇인지'를 깊이 들여다보지 않는다.

나는 그런 상황에 있는 사람들에게 한 가지를 권하곤 한다. 그 감정을 곧바로 해석하거나 결론부터 내리지 말고, 잠시 멈춰 서서 그 마음이 어디에서 비롯되었는지를 찬찬히 바라보라는 것이다. 지금 느끼는 불편한 마음이 정말 방금 일어난 이 일 때문인지, 아니면 오래전부터 쌓여 있던 감정이 불쑥 고개를 든 것인지를 구분해 보라는 뜻이다.

감정은 대개 이성적 판단보다 먼저 반응한다. 그 근원을 차분히 살펴나가면 '화'의 속도를 늦출 수 있다. 예를 들어, 지하철에서 누군가가 스치듯 부딪히거나 발을 밟고 지나가더라도, 우리는 대개 그 일로 화를 내지는 않는다. 그 행동에 악의가 없다는 것을 알고 있기 때문이다. 하지만 그날 마음 상하는 일을 겪었거나, 상사의 기분 나쁜 말 한마디가 계속 머릿속을 맴돌고 있었다면 상황은 달라진다. 동일한 일에서도 감정은 쉽게 거칠어지고, 평소라면 가볍게 넘겼을 일에 예상보다 큰 화가 앞서 튀어나온다.

그때 우리가 분노를 쏟아내는 대상은 정작 그 원인을 만든 그 사람이 아닐 때가 많다. 길에서 우연히 마주친 낯선 사람이나 가장 만만한 존재가 대신 감정을 떠안는다. 평소의 나였다면 결코 하지 않을 행동을 그날의 나는 아무렇지 않게 저지른다.

감정은 언제나 현재의 자극만으로 생기지 않는다. 대부분은 이미 쌓여 있던 감정이 작은 계기를 빌려 모습을 드러냈을 뿐

이다. 그래서 감정을 다룬다는 것은 그 순간에 벌어진 일을 급히 정리하는 것이 아니라, 그 일 이전에 이미 내 안에 자리하고 있었던 마음을 찬찬히 살피는 일이다. 다시 말해 감정을 관찰한다는 것은 지금의 불쾌함이 어디에서 비롯되었는지를 자신에게 묻는 과정이다.

불만족스러운 감정을 제대로 바라보지 않은 채 오래 억누르다 보면, 결국 터지지 말아야 할 순간에 표출된다. 그때 감정은 정작 원인이 되었던 곳이 아니라 우연히 곁에 있던 사람이나 상황에 전가된다. 그렇게 주변의 사람과 상황들이 내가 미처 다루지 못한 감정의 영향을 고스란히 받게 된다.

따라서 감정을 전이시키지 말아야 하며 문제가 생긴 그 자리에서 가능한 정리를 해야 한다. 바깥에서 생긴 마음의 무거움을 그대로 집 안으로 가져오지 말아야 하며, 집에서의 감정 역시 바깥으로 끌고 나가지 않는 연습이 필요하다. 그렇지 않으면 하나의 불편한 감정이 새로운 공간에서 또 다른 충돌을 만들어 낼 수 있으며, 작은 마찰이 반복되고 점점 엉키기 시작한다. 그러다 보면 그저 '오늘은 운이 없었다'고 말하며 하루를 마무리하게 될 수 있다.

그렇다면 감정은 정말 조절할 수 없는 것일까? 그렇지 않다. 마음대로 풀리지 않는 많은 일은 사실 사전에 어느 정도 예측하고 우회할 수도 있다. 우리가 유독 긴장하고 초조해지고, 걱정에 빠지는 이유는 충분히 대비하지 못했거나, 판단을 미루었거나, 아예 판단하지 않은 채 상황에 뛰어들었기 때문이다.

비가 오는 날 길이 막힐 가능성이 크다는 것은 누구나 안다. 중요한 약속이 있다면 괜히 차를 몰고 나섰다가 조급해지기보다 전철을 선택하는 편이 낫다. 감정은 종종 상황 그 자체보다 피할 수 있었던 불편을 그대로 맞닥뜨릴 때 쉽게 흐트러진다.

또 하나, 내 감정을 크게 흔드는 것은 갑작스러운 '변화'다. 조금 전까지 괜찮았던 마음이 누군가의 말 한마디로 순식간에 가라앉는 순간이 있다. 그때 우리는 화가 나고, 초조해지고, 무엇부터 해야 할지 모르는 상태에 빠진다.

이럴 때 내가 자주 권하는 방법은 단순하다. 감정에 먼저 반응하지 말고, 잠시 멈춰 상황의 흐름과 해결의 순서를 차분히 훑어보는 것이다. 놀랍게도 많은 문제는 그 과정만 거쳐도 생각보다 빠르게 방향이 잡힌다. 반면, 첫 순간의 부정적인 감정에 사로잡히면 일은 해결되지 않은 채 힘과 시간만 소모하게 된다. 감정을 다스린다는 것은 마음을 억누르는 일이 아니다. 상황을 읽고, 감정이 흘러가야 할 자리를 정해 주는 것이다.

나는 가끔 이런 말을 농담처럼 건넨다. 우리는 때로 '감정 없는 로봇'이 될 필요가 있다고. 감정을 느끼지 말자는 뜻이 아니다. 다만 지나치게 많이 생겨난 감정을 하나도 놓치지 않겠다는 태도까지는 필요 없다는 말이다. 일부는 흘려보내고, 사건의 핵심을 바라볼 수 있을 때 우리는 훨씬 효율적으로 문제에 다가갈 수 있다. 그만큼 의미 없는 감정 소모도 줄어든다.

우리는 종종 감정을 쏟아서는 안 될 곳에 감정을 쏟는다. 그 결과 배신감이나 억울함에 오래 머물고, 상대가 왜 나를 이해해 주지 않는지 알 수 없어 답답해한다. 하지만 많은 경우, 상대가 필요로 하는 것은 나의 감정이나 즉각적인 반응이 아니라 구체적인 답이다. 그 사실을 알아차렸다면 감정을 설명하는 데서 한발 물러나 해결을 향한 답을 찾는 쪽으로 마음을 옮겨야 한다. 때로는 하나의 결론보다 몇 가지 선택지를 준비하는 편이 관계를 훨씬 부드럽게 만든다.

감정이 쉽게 요동치는 또 하나의 이유는 '자존심'이다. 특히 성인이 되고 나이가 들수록 우리는 타인의 비판에 더 예민해진다. 마음 한편에 '이 나이가 되도록 이런 말을 들어야 한다면, 나는 제대로 살아온 게 아닌가'라는 생각이 자리 잡고 있기 때문이다. 하지만 비판은 특별한 상황에서만 생기지 않는다. 문제는 어디에나 있고, 그래서 지적 또한 피할 수 없다. 누군가의 말에 즉각 폭발하지는 않더라도, 마음이 상하고 기분이 가라앉는 것은 자연스러운 일이다. 경우에 따라서는 그 여운이 하루 종일 이어지기도 한다.

> 그럴 때 한 번쯤은 상대의 말을 그대로 반복해 보고, 감정을 덜어내고 말의 본래 뜻을 천천히 살펴볼 필요가 있다. 그렇게 여과해 보면 뜻밖에도 그 말이 옳았다는 사실에 이르게 되는 경우가 많다. '맞는 말이었다'는 판단이 서는 순간, 불쾌했던 감정은 점차 누그러진다. 그래서 나를 불편하게 했던 사람이 결과적으로 나를 성장하게 만든 사람이 되기도 한다. 감정은 상처로 남을 수도 있지만, 잘 다루면 삶의 방향을 바꾸는 힘으로 작용한다.

나는 이런 불쾌함을 느낄 때마다 나 자신에게 질문을 던진다.

'만약 누군가 나를 비판한다면, 나는 그 말 속에서 나에게 도움이 되는 부분만을 가려들을 수 있을까? 감정이 상하지 않은 채로 받아들일 수 있을까.'

솔직히 말하면 답은 늘 같다. 아직은 쉽지 않다. 그럼에도 분명한 변화가 있다. 이 질문을 되풀이할수록 불편한 감정에 머무는 시간은 점점 줄어든다. 감정이 흔들려도 그것이 곧바로 타인과의 충돌로 이어지지 않도록 자신을 다잡게 된다.

그래서 나는 마음이 크게 흔들린 순간에는 어떤 결정도 내리지 않으려 한다. 기분이 가라앉았을 때도, 괜히 들떠 있을 때도, 분노가 치밀 때도 마찬가지다. 이런 감정들은 대부분 일시적이며, 그 순간의 판단은 지나치게 감정적이고 믿기 어렵기 때문이다.

─────────── 모든 감정이 문제인 것은 아니다

많은 사람은 부정적인 감정을 마주하는 일을 피하려 한다. 화가 난 감정을 말하는 순간, 자신이 부족한 사람처럼 보일까 염려되기 때문이다. 그 걱정이 전혀 근거 없다고만 하기는 어렵다. 그러나 누구나 그런 시간을 겪는다. 마음이 옹졸해지고 복잡해지며, 판단이 한쪽으로 치우치는 시간은 자연스럽게 찾아온다.

중요한 것은 그 감정을 밀어내느냐, 아니면 알아차리느냐다. 우리는 종종 불편한 감정을 숨기기 위해 이유와 핑계를 만들어 낸다. 그러다 보면 사실은 단순했을 문제도 괜히 복잡해진다. 상대는 상황을 이해하지 못하고, 자신 역시 마음이 조급해진다.

감정을 다룬다는 것은 자신을 꾸미는 일이 아니다. 흔들리는 마음을 그대로 바라보고, 그다음의 행동을 선택하는 일이다.

우리는 일상에서 이런 반응을 목격하기도 한다. "기분이 안 좋은가요?"라는 질문에 괜찮다고 말하지만, 말투나 행동에서는 미묘한 날카로움이 묻어나는 경우다. 이는 대체로 자신의 부정적인 감정을 충분히 인식하지 못했거나, 인정하지 않으려는 마음에서 비롯된다.

내가 일과 관련된 훈련에서 자주 사용하는 방법 가운데 '근원 찾기'라는 것이 있다. 본래는 문제 해결을 위한 방식이지만, 자신의 감정을 들여다볼 때도 매우 유용하다. 질문을 한 겹씩 깊게 던지다 보면, 부정적인 감정을 일으킨 원인이 생각보다 사소한 지점에 숨어 있다는 사실을 발견하게 된다. 때로는 다른 사람에게 차마 설명하기 어려운, 나 자신만의 복잡한 마음일 수도 있다.

이런 감정은 없애야 할 대상이 아니다. 완전히 사라지지도 않는다. 우리가 할 수 있는 일은 그것을 억누르거나 부정하는 것이 아니라 조용히 바라보고 대화를 건네며 한발 물러나도록 돕는 일이다.

많은 사람은 부정적인 감정을 애써 누르려 한다. 그러나 그런 방식은 오히려 역효과를 낳는 경우가 적지 않다. 우리는 매일 크고 작은 감정을 겪으며 살아간다. 그 감정은 때로는 상대의 부정적인 반응에서 비롯되기도 하고, 그로 인해 생긴 사소한 일에서 시작되기도 한다.

그래서 먼저 받아들여야 할 사실이 있다. 나에게도, 그리고 상대에게도 부정적인 감정은 존재한다는 점이다. 자기 안에서 그런 감정이 올라올 때는 자신의 내면과 차분히 소통하고, 다른 사람의 감정이 거칠게 드러날 때는 그 상황을 감당하기 어렵다고 느껴진다면 잠시 거리를 두는 선택도 필요하다.

상대의 감정이 폭발하는 순간까지 억지로 이해하려 하거나, 설득하려 애쓸 필요는 없다. 중요한 것은 감정에 끌려가지 않고, 사고의 방향을 다시 이성 쪽으로 돌리는 일이다. 감정의 함정을 알아차리고, 해결할 수 있는 지점을 차분히 찾는 연습을 반복하다 보면, 나쁜 감정을 다루는 습관이 조금씩 몸에 배게 될 것이다.

함께 있어도
홀로 서게 되는 순간

수년 전, 나는 연애 소설 모음집을 한 권 썼다. 그 안에는 인간의 본능과 사랑과 미움, 기쁨과 슬픔, 그리고 사랑할수록 깊어지는 고독이 담겼다. 그것은 스물넷, 스물다섯의 내가 이해한 사랑이었다. 하지만 서른다섯이 된 지금, 그 시절을 다시 떠올려 보면 분명히 달라진 지점이 있다. 사랑을 바라보는 눈도, 사랑에 기대는 방식도 달라졌다. 그 변화에 대해서는 이 책의 뒷부분 '사랑에는 조건이 있다'에서 언급했다. 이 글을 인터넷에 올렸을 때 반응은 예상보다 뜨거웠다. 그중에는 이런 말도 있었다.

"사랑에 조건이 있다면 그런 사랑은 필요 없다."

이 단호한 문장이 낯설지 않았던 건 스무 살 무렵의 나를 떠올리게 했기 때문이다. 그러나 지금의 나는 묻지 않을 수 없다.

“사랑에 정말 아무런 조건이 없을 수 있을까?”

<u>우리는 누군가의 외모나 말투, 태도와 인품, 삶의 방식과 능력, 때로는 상대가 주는 안정감이나 여유에 이끌린다. 이 가운데 과연 조건이 아니라고 말할 수 있는 것이 있을까? 사람마다 중요하게 여기는 기준이 다를 뿐, 우리는 결국 마음에 닿는 어떤 요소를 지닌 사람을 선택한다. 그것이 바로 사랑에 조건이 있다는 뜻은 아닐까.</u>

다만 우리는 그 사실을 좀처럼 인정하고 싶지 않을 뿐이다. 인정하는 순간 사랑은 더 이상 꿈이 아니라 현실이 되기 때문이다. 그러나 어른이 된다는 것은 이미 수없이 현실과 부딪혀 왔다는 뜻이기도 하다. 겨우 사랑이라는 이름의 피난처를 찾았는데, 그마저 조건 위에 서 있다고 말하면 쉽게 받아들이기 어려운 마음이 드는 것도 무리는 아니다.

그럼에도 우리는 여전히 절대적이고, 무한하며, 순수하고 모든 것을 해결해 줄 것 같은 사랑을 동경한다. 어쩌면 그 동경 자체가 우리가 아직도 사랑을 쉽게 놓지 못하는 이유인지도 모르겠다. 이런 동경 때문에 우리는 사랑에서 즐거움과 만족을 느끼는 동시에 고독도 함께 경험한다. 왜일까. 사랑에 거는 우리의 요구가 지나치게 크고 전면적이기 때문이다.

우리는 사랑이 모든 것을 해결해 주길 바라고, 사랑하는 사람이 무엇이든 해낼 수 있기를 기대한다. 늘 마음이 통하고, 필요할 때마다 곁에 있어 주며, 기분이 가라앉을 때는 가장 먼저 나를 일으켜 세워주고, 어려움 앞에서는 대신 길을 열어주길 바란다.

하지만 현실에서는 내가 힘든 순간에 상대는 그저 자신의 삶을 감당하는 것만으로도 벅찰 수 있다. 능력이나 여유가 충분하지 않을 수도 있다. 그것은 누군가의 부족함이라기보다 살아가는 대부분의 사람이 흔히 겪는 모습이다.

마음이 통하는 문제도 마찬가지다. 같은 상황을 두고도 사람마다 느끼는 감정과 판단은 다르다. 그렇게 다른 두 사람이 언제나 같은 방향을 바라보길 기대하는 일 자체가 어쩌면 무리한 바람일지도 모른다.

이런 경험들이 쌓이면서 우리는 깨닫게 된다. 내가 기대한 그 모든 요구를 충족시켜 줄 사람은 없다는 사실을. 그리고 그 깨달음은 자연스레 상실감과 고독으로 이어진다. 이 고독은 혼자일 때보다 더 깊다. 혼자의 고독이 비어 있음이라면, 사랑 속의 고독은 함께 있으면서도 완전히 닿을 수 없다는 무력감에서 생겨나기 때문이다.

고독은 누군가가 나의 마음과 생각, 감정과 바람, 나아가 그 고독 자체를 이해해 주지 못한다고 느낄 때 스며든다. 그러나 그 마음을 알아주지 못하는 이유는 의외로 단순하다. 우리의 내면이 너무 복잡하고 깊기 때문이다. 어쩌면 그 깊이는 누구에게도 온전히 읽히기 어려운 아주 개인적인 영역인지도 모른다. 결혼한 지 10년 가까이 된 친구 A는 이런 말을 했다.

"관계가 오래 이어지려면 상대에게 과도한 기대를 걸지 않는 게 중요해. 바라는 것이 있을 때는 돌려 말하지 말고 분명하게 전해야 하고, 그 요구는 아주 기본적인 선을 넘지 않아야 하지. 마음속에만 담아 둔 채 상대가 알아서 헤아려 주길 기다리는 기대는 결국 실망으로 돌아오기 마련이니까."

기대가 채워지지 않을 때 고독은 한층 깊어진다. 그 고독은 때로 혼자일 때보다 누군가와 함께 있을 때 더 또렷하게 다가온다. 그러다 보면 우리는 왜 굳이 누군가와 삶을 나누어야 하는지, 왜 결혼이라는 선택을 하게 되는지조차 쉽게 이해되지 않는 순간을 맞이하게 된다.

사실 고독은 관계의 실패에서 비롯된 감정이라기보다 인간에게 본래 주어져 있는 하나의 감각이다. 우리는 타인의 삶과 죽음, 사랑과 미움, 소유와 상실을 곁에서 바라보며 살아간다. 그 과정에서 누구나 한 번쯤은 기댈 곳이 없다고 느끼는 고독을 마주하게 된다. 그리고 어떤 선택이나 약속도 우리에게 영원한 안정을 보장해 주지는 않는다.

세계도, 개인의 삶도 끊임없이 변화한다. 그 변화는 우리를 준비되지 않은 상태로 밀어 넣고, 뜻대로 할 수 없다는 생각에 빠지게 한다. 그때 우리는 고독을 느낀다. 그리고 묻게 된다.

'왜 운명은 나를 조금도 배려하지 않는 것처럼 느껴질까.'

사람들은 서로 나눌 수 없는 것들을 생각보다 많이 안고 살아간다. 평생을 함께 살아온 노부부라 하더라도, 한 사람이 병으로 몸져누웠을 때 다른 한 사람은 그 통증을 대신 겪어줄 수 없다. 걱정하고 마음 아파할 수는 있지만, 그 고통 자체는 함께 건너갈 수 없는 영역이다.

우리는 자신의 일이 아닌 고통을 상상이나 경험에 기대어 짐작할 뿐이다. 그러나 그런 이해는 실제로 고통을 겪고 있는 사람이 느끼는 감정과는 본질적으로 다를 수밖에 없다. 그래서 인간의 기쁨과 슬픔은 끝내 완전히 통하지 않는다고 말하게 된다.

이것이 인간의 고독이 쉽게 사라지지 않는 이유 가운데 하나다. 보이지도 않고 온전히 전달할 수도 없는 감정들이 있기에 우리는 고독을 느낀다. 그런 의미에서 고독은 타인과 완전히 나눌 수 없는 것이며, 누구에게나 자기 몫으로 남아 있는 감정이다.

그렇다고 해서 모든 것이 단절되는 것은 아니다. 노부부가 서로를 바라보는 눈길, 곁에 있어 주는 시간, 말없이 이어지는 돌봄은 눈에 보이고 행동으로 전해진다. 이런 나눌 수 있는 것들이 쌓일수록 우리가 느끼는 고독은 조금씩 옅어진다. 고독이 사라지는 것은 아니지만, 함께 견뎌낼 수 있는 상태로 바뀌는 것이다.

사람에게는 누구에게나 없앨 수 없는 고독이 있다. 한 작가는 이렇게 말했다.

> "나는 고독이 고립에서 비롯된 것은 아닐지 의심해 본 적은 있지만, 고독할 권리마저 허락되지 않는 상태야말로 진짜 고독이라는 사실만큼은 한 번도 의심해 본 적이 없다."

우리는 행복할 수도 있고, 만족하며 살아갈 수도 있으며, 충분히 존중받는 삶을 살면서도 고독을 위한 작은 공간 하나쯤은 남겨 두어야 한다. 고독을 지우려 애쓰기보다 그것이 우리 삶에 존재한다는 사실을 받아들이는 일이 필요하다.

고독이 사람을 불행하게 만드는 것은 아니다. 오히려 사람이 불행해질 때 비로소 고독을 또렷이 인식하게 된다. 고독을 받아들이는 일은 인간으로서의 한계, 나와 타인의 한계를 함께 받아들이는 일이기도 하다.

'지금을 즐긴다는 것'의
진짜 의미

얼마 전, 친구 K와 오랜만에 카페에서 만나 이런 저런 이야기를 나누었다. 그녀는 새로 옮긴 직장에서 일이 너무 많고 복잡해 고민이 크다고 털어놓았다. 나는 연봉은 어떤지 조심스레 물었고, 그는 그 부분만큼은 만족스럽다고 했다. 그래서 나는 웃으며 이렇게 말했다.

"그럼 다행이네. 사실 두 가지를 다 갖기는 쉽지 않잖아."

그녀는 아직 서른다섯이 되지 않았지만, 회사에서는 총책임자급의 역할을 맡고 있었고 집에는 세 살 아이가 있었다. 그녀가 그리는 이상적인 직장은 이러했다.

집에서 가깝고, 야근이 없으며, 아이를 돌볼 시간도 충분하고, 연봉도 적절하며, 지나치게 신경 쓸 일이 많지 않은 곳. 어쩌면 많은 사람이 마음속으로 그리는 직장의 모습일 것이다. 그리고 동시에 현실에서는 거의 존재하지 않는 곳이기도 하다.

사람들은 흔히 농담처럼 '돈도 있고 시간도 있는 삶'을 꿈꾼다. 그러나 현실에서 이 두 가지는 좀처럼 함께 가지 않는다. 높은 연봉을 제시하는 회사가 직원을 한가롭게 두는 경우는 거의 없다. 오히려 그에 상응하는 대가를 요구하며, 더 많은 책임과 중요한 업무를 맡긴다. 돈과 책임은 대체로 함께 움직인다.

우리 회사에는 두 명의 여자 직원이 있었다. 둘 다 90년대생으로 나이와 업무 능력에서 큰 차이는 없었다. 그중 한 사람을 관리직으로 승진시켰다. 결정적인 이유는 그 직원이 더 진취적이고, 평소 일에 더 많은 에너지를 기울였기 때문이다. 다른 직원 역시 업무 능력은 충분했지만, 직장보다는 자신의 생활과 즐길 거리에 더 많은 비중을 두고 있었다. 두 사람 모두 우수했고, 자신의 삶을 어떻게 꾸릴지는 각자의 선택이다. 다만 관리자의 입장에서 보았을 때, 누가 더 많은 부가 가치를 만들어 낼지는 비교적 분명했다.

정해진 업무 목표를 충족한다는 전제 아래, 일 외의 시간에 한가로움을 택할지, 성장을 택할지는 개인의 자유다. 그러나 조직에서는 평소 더 진취적으로 일에 임하는 사람이 더 큰 책임과 역할을 맡게 된다. 그것은 옳고 그름의 문제가 아니라 구조의 문제다.

나는 요즘 일부 젊은 사람들이 직장에서 승진을 크게 중요하게 여기지 않고, 맡은 일만 잘해도 충분하다고 말하는 모습을 자주 접한다. 그 생각이 틀렸다고 단정하고 싶지는 않다. 다만 그 선택이 자신을 지나치게 단순한 틀 안에 머물게 할 수는 있다고 생각한다.

승진을 '리더가 될 것인가', '사람을 관리해야 하는가', '여러 일을 동시에 감당할 수 있는가', '대인관계를 넓혀야 하는가'와 같은 문제로만 바라보게 되면, 사회적 역할을 지나치게 개인의 성향이나 심리 문제로만 환원하게 된다. 그 결과 승진은 자연스러운 역할 변화가 아니라 부담스럽거나 피하고 싶은 선택처럼 보이기 쉽다.

그러나 직장에서 승진의 의미는 그보다 훨씬 넓다. 승진은 더 많이 배우고, 더 넓은 범위에서 자신의 능력을 시험해 볼 수 있는 기회를 얻는 일이다. 또한 남들보다 먼저 기회를 얻고, 먼저 시행착오를 겪으며, 경험의 축적을 통해 질적인 변화를 만들어 가는 과정이기도 하다.

그 과정에서 우리는 단순히 맡은 역할만 바꾸는 것이 아니라 자신이 감당할 수 있는 세계의 크기를 조금씩 넓혀갈 수 있다. 그래서 승진은 누군가를 관리하기 위한 자리가 아니라, 자신을 성장시키는 하나의 통로가 된다. 그 선택을 할지 말지는 각자의 몫이지만, 그 의미까지 축소할 필요는 없다고 생각한다.

만약 빠른 성장을 원하면서도 직장에서의 승진에는 관심이 없다고 말한다면, 그 마음속에는 어느 정도의 모순이 자리하고 있다고 봐야 한다. 많은 사람이 승진 외에도 '베테랑 전문가'라는 길이 있지 않느냐고 말하지만, 현실에서 대부분의 일은 고도의 희소한 전문성을 요구하기보다는 반복적이고 대체 가능한 성격을 띤다. 그런 환경에서 '승진 없는 성장'을 기대한다는 것은 다소 막연하게 들리기도 한다.

직장에서의 승진이나 조직에 깊이 관여하는 일은 사람을 관리해야 한다는 부담을 떠안는 것이라기보다 더 많은 일을 할 수 있는 하나의 도구를 얻는 일이다. 게임에서 더 좋은 아이템을 장착해야 속도와 효율, 성과가 달라지듯이 조직에서도 더 넓은 권한과 자원이 주어질수록 개인의 영향력은 커진다. 신입 사원에게조차 성과와 책임이 요구되는 곳이라면, 중요한 자리에 있는 사람에게는 더 말할 것도 없다.

그래서 현실에서는 많은 것이 서로 부딪힌다. 많이 벌면서 적게 일하기는 어렵고, 높은 자리에 있으면서 마음까지 편안하기도 어렵다. 우리는 선택해야 한다. 더 많은 시간과 에너지를 투자해 높은 수익과 자리를 얻을 것인지, 아니면 일정 부분을 내려놓고 더 많은 자유를 택할 것인지. 아이와 보내는 시간이 더 중요한지, 지금 직장에서 확실한 자리를 만드는 것이 더 중요한지, 개인의 여유가 우선인지, 높은 연봉을 향한 노력이 우선인지….

이 선택들에는 옳고 그름이 없다. 다만 한 가지 분명한 것은 자신이 무엇을 가장 중요하게 여기는지 스스로 알고 있어야 한다는 점이다. 그래야 삶의 밑그림을 그릴 수 있다.

우리는 흔히 '지금을 즐기라'는 말로 자신을 위로한다. 하지만 그 말은 무책임하게 현재를 소비하라는 뜻이 아니다. 지금의 삶을 정면으로 받아들이고, 성실하게 살아가며 필요한 선택을 하라는 삶의 태도다. 물론 당장 선택할 수 없는 순간도 있다. 그럴 때까지 자신을 몰아붙일 필요는 없다. 지금 결정을 내리지 못한다면, 잠시 시간을 두고 '나중의 나'를 떠올려 보는 것도 하나의 방법이다. 오늘의 선택이 아니라 내일의 내가 덜 후회할 방향을 가늠해 보는 일. 그것 역시 지금을 살아가는 방식일 수 있다.

예를 들어, 어떤 직장 여성이 커리어의 성장을 택할지, 출산을 준비할지 갈피를 잡지 못하고 있다면 이렇게 자신에게 물어보자. 3년 뒤, 더 성장한 직장인으로 서 있는 자신의 모습이 더 마음에 드는지, 아니면 10년 뒤 한 아이의 엄마로 살아가는 모습이 더 마음에 드는지.

지금 눈앞에 놓인 두 선택이 모두 버겁게 느껴진다면, 시선을 잠시 현재에서 떼어 시간의 앞쪽으로 옮겨 보는 것이다. 그리고 그 미래를 떠올렸을 때 더 편안하게 느껴지는 감정에 따라 지금의 결정을 내린다. 그것 또한 '지금을 즐기는' 하나의 방식일 수 있다.

낭만이
다시 숨을 쉬게 할 때

<u>낭만을 오해하는 시대</u>

많은 사람이 낭만을 오해한다. 낭만을 정성 들여야만 완성되는 남녀 간의 사랑으로 여기거나, 경제적 여유가 있는 사람들만 누릴 수 있는 분위기쯤으로 생각하곤 한다. 그러다 보니 바쁜 일상에서 우리는 이렇게 말한다. 숨 돌릴 틈도 없는데 무슨 낭만이냐고, 하루를 버텨내기도 벅찬데 밤하늘의 별을 올려다볼 여유가 어디 있느냐고.

하지만 낭만은 그런 것이 아니다. 낭만은 아름다움에 대한 동경이자, 그것을 느끼고자 하는 마음의 방향이다. 무엇을 '소유'했는가가 아니라 무엇에 '반응'하는가의 문제다. 낭만은 시간을 많이 들여야만 얻어지는 사치가 아니라 잠깐 멈춰 서서 주변을 바라보는 여유다.

특히 여성들은 낭만에 대해 상대적으로 예민한 감각을 지니기도 한다. 그들은 본능적으로 아름다움에 마음이 움직이고, 감정과 생각이 머무는 정신세계의 폭 또한 넓다. 그래서 작은 변화에도 의미를 부여하고, 사소한 풍경에서도 감정이 일어난다. 낭만은 그런 감수성에서 비롯된다. 반면, 일부 남성들은 이러한 감각을 비교적 가볍게 지나치는 경우가 많다. 낭만을 현실과 동떨어진 이야기로 받아들이거나, 굳이 애써야 할 이유를 느끼지 못하는 것이다. 그래서 기념일이 다가오면 선물을 준비하긴 하지만, 이를 관계를 유지하기 위한 최소한의 의무처럼 받아들이는 경우도 있다. 그럴 때 그 선물은 마음이 자연스럽게 움직여 나온 표현이라기보다 귀찮은 상황을 피하려는 선택으로 바뀌기 쉽다.

기념을 위한 기념, 표현을 위한 표현은 낭만이라 부르기에는 다소 거리가 있다. 그것은 세심함일 수는 있지만 낭만과는 결이 다르다. 낭만은 물건의 크기나 가격으로 증명되지 않는다. 무엇을 주었는가보다 어떤 마음으로 그 대상을 바라보고 있는지가 더 중요하다.

낭만은 결국 정신의 문제다. 선물의 값으로 낭만을 재단하려는 순간 낭만은 사라진다. 아름다움에 반응하는 마음, 의미를 느끼려는 태도, 삶을 조금 더 깊이 들여다보려는 자세. 그것이 낭만의 본질이다.

　형식에만 머무는 낭만은 생각보다 오래가지 않는다. 우리는 낭만을 떠올릴 때 흔히 먼저 형식을 생각한다. 기념일, 선물, 분위기 같은, 하지만 그 형식이 어떤 마음에서 비롯되었는지, 무엇을 위해 필요한지는 깊이 고민하지 않을 때가 많다. 형식은 목적이 아니라 과정이다. 마음이 편안해지고 삶이 조금 더 단단해지기까지 거쳐가는 하나의 길일 뿐이다.

　다도나 꽃꽂이를 배우는 일도 마찬가지다. 삶의 리듬을 가다듬고, 마음을 잠시 쉬게 하는 시간은 분명 의미가 있다. 다만 중요한 것은 그다음이다. 형식을 익혔다는 사실이 곧바로 내면의 깊이를 보여주는 것은 아니기 때문이다.

　그럼에도 우리는 착각에 빠지기 쉽다. 어떤 기술을 배웠다는 경험이나 어디를 다녔다는 이력만으로 자신을 낭만적이고, 격조 있으며, 더 품위 있는 사람이라 여기기도 한다. 그러나 형식은 반복을 통해 익숙해질 수는 있어도 정신은 그렇게 저절로 깊어지지 않는다. 더 안타까운 것은 형식을 가르치는 이들 가운데 기술의 정확함과 완성도에는 집중하면서도 그 안에 담긴 정신과 태도에 대해서는 다루지 않는 경우가 많다는 점이다. 그러다 보면 형식은 남지만 의미는 점점 멀어진다.

낭만은 겉모습을 갖춘다고 해서 완성되는 것이 아니다. 형식을 통해 내 마음이 어디를 향하고 있는지, 그 시간을 지나며 내가 무엇을 느끼고 어떤 사람으로 변해 가는지가 중요하다. 형식은 삶과 자연스럽게 어우러질 때 의미를 얻고, 낭만은 그런 과정을 통해 생긴다. 그렇지 않다면 그것은 세련된 취미로 남을 수는 있어도, 깊은 낭만이라 부르기에는 어딘가 부족하다.

낭만적인 사람은 겉모습이 그럴듯한 사람이 아니라, 자기 마음의 결을 알고 있는 사람이다. 남들이 만들어 놓은 멋을 반복하는 데서 그치지 않고, 자기 안에서 무엇이 아름다운지 스스로 느낄 수 있는 사람. 내가 생각하는 낭만은 바로 그런 태도에 있다.

정신적 낭만은 하나의 생명력과도 같다. 섬세하고 예민하지만 동시에 단단해서 조용히 삶을 떠받치는 힘이 된다. 이 낭만은 사람을 소모시키지 않는다. 오히려 시간이 지날수록 마음에 자양분을 더해 준다. 무엇인가를 끊임없이 소비하지 않아도 일부러 특별한 상황을 만들어내지 않아도 자연스럽게 스며들듯 생겨난다.

낭만적인 정신세계를 지닌 사람은 이미 충분히 운이 좋은 사람이다. 그는 하루의 일출과 일몰에서, 꽃이 품은 향과 색에서, 봄비에 젖은 흙냄새에서 자연스럽게 아름다움을 발견한

이 모든 것은 특별한 일이 아니다. 아주 일상적이고 사소한 것들이다. 다만 그 안에서 아름다움을 발견하는 감각은 생명에 대한 섬세한 감수성에서 비롯된다. 낭만은 멀리 있지 않다. 삶을 바라보는 마음의 방향이 조금 다를 뿐이다.

우리는 종종 낭만적인 사람을 떠올릴 때, 평온한 얼굴을 한 모습을 그린다. 쉽게 흔들리지 않고, 사소한 일에도 기꺼이 기쁨을 느끼는 사람처럼 보이기도 한다. 실제로 그런 면이 없지 않다. 삶을 바라보는 낭만적 태도는 타인에게 과도한 기대를 요구하지 않으면서도, 삶을 버텨낼 수 있는 힘을 건네준다.

만약 우리를 끌어주는 낭만적인 내면이 없다면, 반복적인 평범한 하루를 무엇으로 견뎌낼 수 있을까. 낭만은 현실을 피하는 도피가 아니라, 삶을 이어가게 하는 힘이라 할 수 있다. 삶을 쉽게 포기하지 않도록 붙들어 주는 이유이기도 하다.

그런 의미에서 낭만을 품은 사람은 하나의 선물을 받은 셈이다. 그들은 특별할 것 없어 보이는 일상에서도 아름다움과 섬세함, 그리고 살아 있다는 감각을 느낀다. 누군가는 스쳐 지나가는 순간에서, 또 누군가는 아무 의미도 두지 않을 장면에서 마음이 움직인다. 바로 그 차이가 삶을 조금씩 달라지게 만든다.

작년 여름, 친구와 함께 고속도로 휴게소에 들렀을 때였다. 앞차에 타고 있던 한 남자가 차에서 내려 도로 옆으로 걸어가더니 꽃 하나를 꺾었다. 마흔 즈음으로 보이는 지극히 평범한 인상의 남자였다. 햇볕에 그을린 피부에 특별히 눈에 띄는 모습은 아니었다. 그런데 그가 조심스럽게 작은 보라색 꽃을 따는 모습을 보며 나는 이상하게도 그 사람에게서 빛이 나는 것처럼 느껴졌다. 그는 꽃을 들고 차에 오르더니 조수석에 앉아 있던 아내에게 꽃을 건넸다. 나는 친구에게 그 모습이 너무 정겹다고 감탄하며 말했다.

하지만 그 장면은 오래 이어지지 않았다. 불과 20초도 되지 않아 그 꽃은 창밖으로 던져졌다. 나와 친구는 잠시 멍하니 서로를 바라보다가 허탈함과 웃음이 동시에 밀려왔다. 친구는 웃으며 말했다.

"봐. 낭만적인 사람도 낭만적인 사람을 만나야 쿵짝이 맞는 거야."

나는 그 말에 맞장구치며 웃고 있었지만, 마음 한켠에는 묘한 이질감이 남았다. 그 꽃이 아까워서가 아니었다. 누군가의 낭만이 그렇게 가볍게 소비되고 흘려보내지는 장면을 보고 있었기 때문이다. 그날 나는 다시 한번 깨달았다. 낭만은 혼자서도 가질 수 있지만, 함께할 때에야 비로소 이어진다는 것을. 그리고 그것은 취향이 맞고 안 맞고의 문제가 아니라, 삶을 대하는 태도와 감각을 함께 나눌 수 있는지의 문제라는 것을.

어두운 밤길에서
먼저 나를 밝히는 법

우리는 흔히 문제 앞에 서면 해결책부터 찾으려 한다. 그러나 해결이 가능하다는 전제가 있을 때만 해결책은 의미를 갖는다. 애초에 해결이 불가능한 상황이라면, 자신에게 해 줄 수 있는 일은 그리 많지 않다. 그저 마음을 가다듬고 무너지지 않도록 자신을 붙잡는 것뿐이다.

이 사실을 받아들이는 것은 생각보다 힘들고 막막한 일이다. 무엇 하나 고칠 수도, 바꿀 수도 없는 현실 앞에서 우리는 쉽게 허기를 느낀다. 애써 기울인 노력만큼 결과로 이어지지 않는다는 사실은 어떤 실패보다도 더 깊은 무력감을 남긴다.

며칠 전, 오랜만에 친구 J와 식사를 했다. 코로나로 작년 내 생일날, 잠깐 얼굴을 본 이후 거의 반년 만의 만남이었다. 시간은 생각보다 빠르게 흘러갔다. 겉으로 보기에는 우리 둘 다 각자의 자리에서 그럭저럭 안정적으로 살아가는 듯 보였지만, 쉽게 꺼내지 못한 이야기들이 적지 않았다. 회사 일이나 인간관계에서의 틈, 설명하기 어려운 피로 같은 것들이 끼어 있었다.

우리는 그런 이야기들을 조심스럽게 꺼내 놓으며 해결책보다는 속내를 함께 나눴다. 무엇을 어떻게 해야 한다는 말 대신에 그저 그렇다는 말, 힘들었다는 말, 버텼다는 말들이 테이블 위에 오래 머물렀다. 그날의 대화는 문제를 해결해 주지는 않았지만, 적어도 마음을 조금은 가라앉혀 주었다.

> 어쩌면 삶에는 답보다 그런 시간이 더 필요할지도 모른다. 해결되지 않는 문제 앞에서 우리가 할 수 있는 최소한의 선택. 스스로 다그치지 않고, 잠시 숨을 고르는 일. 그것 역시 삶을 계속해 나가기 위한 하나의 방식일 것이다.

그 친구는 규모가 꽤 큰 버라이어티 프로그램을 이끌고 있었다. 기획부터 촬영, 편집, 방송에 이르기까지 거의 모든 과정을 혼자 감당해 온 프로그램이었다. 한 번 출장을 나가면 몇 달씩 돌아오지 못했고, 편집이 몰리는 시기에는 새벽 두세 시가 되어서야 사무실을 나설 수 있었다. 체력도, 시간도, 마음도 모두 그 프로그램에 쏟아부었다. 그녀는 일이 힘들었지만 적어도 이 프로그램이 끝나면 자신에게도 대표작 하나는 남을 것이라 생각했다. 그리고 '감독'이라는 타이틀 역시 자연스럽게 따라올 것이라 여겼다. 그 정도의 책임과 노동을 감당했으니 그것은 욕심이라기보다 충분히 납득할 만한 기대였다.

그러나 결과는 달랐다. 그 프로그램에 바로 위의 선배 두 명이 이름을 올렸다. 한 명은 총감독으로, 다른 한 명은 감독으로. 프로그램은 아직 끝나지 않았고, 그녀가 얻을 수 있는 최선의 명함은 '제작 감독'이었다. 그 이상을 기대하기 어렵다는 사실을 그녀는 잘 알고 있었다.

프로그램은 다행히 꽤 좋은 성과를 거두었다. 여러 매체의 보도가 이어졌고, 자연스럽게 선배들에게 인터뷰 요청이 들어왔다. 그런데 아이러니하게도 인터뷰를 앞두고 그들은 그녀를 불러 세웠다. 프로그램의 세부 구성과 기획 의도, 전체 구조를 하나하나 설명해 보라는 것이다. 그들은 본인의 이름을 올린 그 프로그램에 대해 정작 충분히 알지 못했기 때문이다.

그 이야기를 들으며 나는 쉽게 말을 잇지 못했다. 노력과 결과가 항상 같은 방향으로 가지 않는다는 사실을 우리는 이미 알고 있었다. 그러나 이렇게 노골적으로 어긋나는 상황 앞에서는 새삼스럽게 잔인하게 느껴졌다. 아마도 그녀가 가장 힘들었던 지점은 인정받지 못했다는 사실 그 자체보다도 자신이 쌓아 올린 시간이 너무도 쉽게 단순화되어 버렸다는 생각이었을 것이다.

삶은 종종 이렇게 정직하지 않다. 그래서 우리는 결과만으로 자신을 판단하지 않으려 의식적으로 애써야 한다. 아무도 알아주지 않아도, 분명히 존재했던 시간과 노동, 그리고 그 안에서 지켜낸 자기 자신을 쉽게 부정하지 않기 위해서. 그 마음을 잃지 않는 일만큼은 끝내 빼앗기지 말아야 하니까.

그녀는 그 시절을 떠올리며 이렇게 말했다.

"그때 나는 매일 나 자신에게 말했어. 무조건 버티라고, 절대 우울해지지 말라고."

J는 수백 명의 팀을 이끌고 있었고, 관계의 중심에 서 있었다. 하루가 끝나기 전에 또 다른 하루가 시작되는 생활이었다. 새벽까지 이어지는 업무에 그녀는 끊임없이 자신을 다잡았다. 버텨야 한다고, 지금 무너지면 안 된다고. 하지만 사람인 이상 한계는 있다. 도저히 감당할 수 없는 순간이 오면, 그녀는 구석에서 혼자 담배를 피우거나, 아무도 보지 않는 곳에서 눈물을 훔쳤다.

그 이야기를 들으며 나는 생각했다. 이것은 특별히 불행한 개인의 사례가 아니라 우리가 흔히 '직장'이라 부르고 '사회생활'이라 부르며 살아가는 삶의 한 단면이라는 사실을 말이다.

누구는 버티고, 누구는 성과를 가져가며, 누군가는 그 사이에서 자기 몫의 삶을 지켜낸다.

어쩌면 삶은 이렇게 요구한다. 잘 견뎌내라고, 감정을 앞세우지 말라고, 개인의 슬픔은 잠시 접어 두라고. 그 요구가 늘 정당한 것은 아니지만, 많은 사람은 오늘도 그 조건 속에서 하루를 살아낸다. 그래서 나는 이 이야기가 단지 한 사람의 고된 시기가 아니라, 지금을 살아가는 우리의 현실을 보여주는 장면처럼 느껴졌다.

수년간 직장에서 일해 온 내 경우도 크게 다르지 않다. 대부분의 사람은 결국 다른 사람들을 위해 애쓰며 살아간다. 애쓴 만큼의 수고가 늘 그에 걸맞은 가치로 돌아오는 것도 아니다. 때로는 억울한 일을 겪고, 원래 자신의 몫이었어야 할 공이 다른 사람의 이름으로 넘어가기도 한다.

타인은 지옥이다

그렇다면 우리는 무엇을 할 수 있을까. 사실 직장은 언제나 도덕이나 인품, 옳고 그름을 기준으로 움직이는 공간이 아니다. 심지어 능력조차 절대적인 기준이 되지 못하는 경우도 많다. 그곳에는 오직 이익으로 묶인 공동체가 있을 뿐이다. 인정하고 싶지 않지만, 받아들이기 싫어도 부정하기 어려운 현실이다. 몇 년 전의 나였다면 이런 말에 단호히 고개를 저었을지도 모른다. 설령 그런 현실이 존재한다는 사실을 알고 있었더라도, 결코 받아들일 수 없다고 말했을 것이다. 하지만 지금의 나는, 나 자신에게 이렇게 말한다.

'받아들이지 않겠다고 하더라도, 상황은 변하지 않으니 결국 받아들일 수밖에 없다.'

직장에서는 절대적인 공평과 공정이 실현되기 어렵다. 하늘이 스스로 돕는 자를 반드시 돕는 일도, 일한 만큼 정직하게 보상받는 일도 좀처럼 일어나지 않는다. 우리는 모두 인정하고 싶지 않아도, 이것이 우리가 쉽게 바꿀 수 없는 현실이다.

그녀는 그 시절을 견디기 위해 붓글씨 연습을 했다고 한다. 무너질까 봐 두려웠기 때문이다. 시간이 날 때마다 붓을 들고 글씨를 쓰며 자신을 가다듬었다.

'마음을 가라앉히자고, 감정에 휩쓸리지 말자고, 지금은 인내해야 할 때라고.'

참지 않으면 다른 선택지가 있을까. 상급자에게 이 문제의 정의를 요구할 수 있을까. 앞서 말했듯이 직장은 정의를 기준으로 움직이는 공간이 아니다. 이익의 관점에서 보았을 때, 상급자는 그녀와 그녀의 두 선배 중 누구와 더 밀접한 관계를 맺고 있을까. 답은 굳이 묻지 않아도 분명하다. 그렇다고 홧김에 모든 것을 내려놓는다면, 지금까지 쌓아온 시간과 노력은 한순간에 사라질 것이다. 그녀가 떠난 뒤에도, 그 일을 대신 설명해 주거나 그녀의 몫을 지켜줄 사람은 없다.

그래서 우리는 오늘도 버티며 살아간다. 분노를 삼키고, 억울함을 눌러 담은 채 자신을 다독인다. 그것이 옳아서라기보다는 살아남기 위한 선택이기 때문이다. 이 글을 쓰는 나 역시 이제는 그 사실을 부정하지 않는다. 이것이 우리가 몸담고 있는 직장의 시간이고, 우리가 살아가는 방식이며, 지금 이 순간의 현실이기 때문이다.

강연 시간에 사람들은 내게 여러 질문을 던진다. 나는 언제나 성의껏 답하려 애쓴다. 다만 그 답이 가장 바람직한 해법인지에 대해서는 확신이 서지 않는다. 오히려 내가 가장 두려워하는 순간은 질문자가 마음속으로 이런 기대를 품고 있을 때다.

'당신이 알려준 그 답 하나로 내 모든 문제가 해결되기를⋯.'

대부분의 경우 인간관계에서는 크고 작은 문제도 함께 따라온다. 관계가 깊어질수록 문제는 사라지기보다 오히려 더 복잡한 모습으로 바뀐다. 그래서 어떤 순간에는 문득 '타인은 지옥이다'라는 말이 떠오르기도 한다. 하지만 우리가 먼저 받아들여야 할 사실이 있다. 우리의 문제를 단번에 해결해 줄 정답 같은 것은 애초에 존재하지 않는다는 것을.

'문제'라는 것은 고정된 대상이 아니다. 살아 움직이며, 상황에 따라 모양을 바꾸고, 그 문제를 만들어내는 상대 역시 살아 있는 사람이다. 그렇기에 어떤 해답도 같은 모습으로 머물 수 없다. 오늘의 답이 내일의 문제를 해결해 주지 못하는 이유도 여기에 있다.

그래서 나는 종종 내가 무슨 조언을 할 수 있을지 알 수 없어진다. 어떤 말도 그들의 인생이 안고 있는 불공평을 덮어주지는 못하기 때문이다. 우리가 맞닥뜨리는 불공평 앞에서는 반격할 힘도, 합당한 보상을 기대할 길도 없다. 우리는 고개를 숙이고, 글씨를 연습하듯 마음을 가다듬으며 자신에게 말할 수밖에 없다.

'무너지지 말자. 지금은 버텨야 할 때야.'

우리는 누구나 운명이 언젠가 밝은 앞날을 건네주기를 기대한다. 그러나 현실에서는 이따금 도움 없이 혼자 어둠 속으로 걸어 들어가야 하는 순간을 맞는다. 한 줄기 빛이 비치기를, 우리의 작은 신호가 어디엔가 닿기를 바라지만, 그 바람은 아무런 답도 없이 흩어지고 만다.

세상에는 자신의 몫을 넘어서지 않으려 애쓰며 성실하게 살아온 사람들이 많다. 그럼에도 그들의 간절함이 언제나 보답으로 이어지지는 않는다. 노력과 결과가 항상 같은 방향으로 나아가지 않는다는 사실은 받아들이기 어렵지만, 끝내 외면할 수 없는 현실이기도 하다.

그래서 어둠 속 길이 잘 보이지 않을 때는 선택지가 많지 않다. 그저 자신을 조금씩 밝혀가며 스스로 격려하고, 불이 꺼지지 않도록 인내하며 햇빛을 기다려야 한다. 그것은 소극적인 태도가 아니라 무너지지 않기 위해 필요한 최소한의 용기다. 어쩌면 그보다 더 나은 조언은 없을지도 모른다. 지금 우리가 마주한 문제 앞에서 중요한 것은 결론에 이르는 일이 아니라, 그 과정 속에서도 자신을 잃지 않는 일이다.

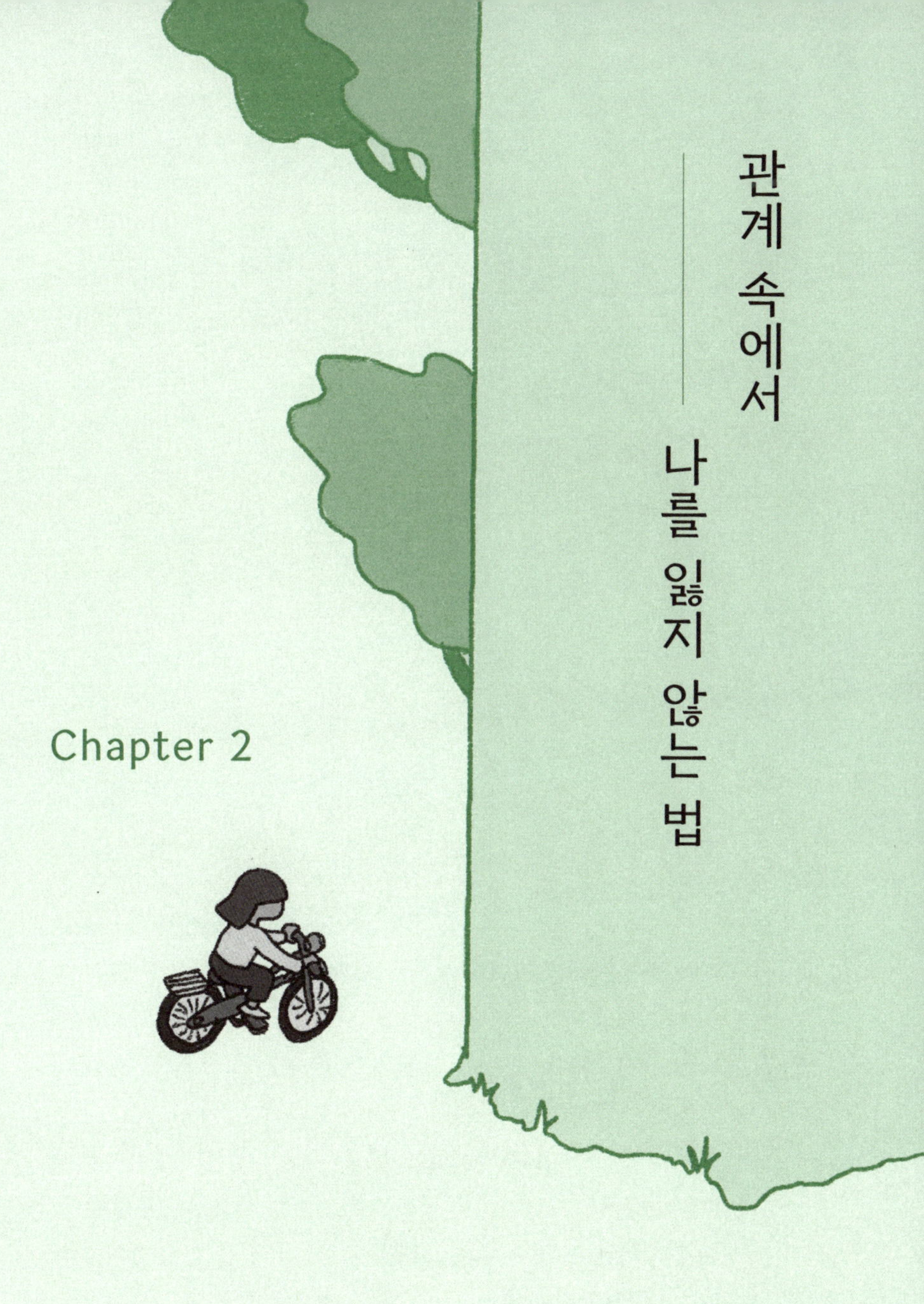

Chapter 2

관계 속에서
나를 잃지 않는 법

사람과 사람 사이에는 기대와 오해가 함께 놓이기도 한다. 사랑과 친밀함은 삶을 풍요롭게도 만들지만, 동시에 가장 쉽게 상처가 드리워지는 자리이기도 하다. 이 장은 관계 속에 머물면서도 나 자신을 잃지 않는 방법을 이야기한다.

사랑과 친밀함, 그리고 책임이라는 이름 아래에서 우리가 어디까지 감당할 수 있는지, 또 어디에서 멈춰야 하는지를 살펴본다. 중요한 것은 상처를 피하는 것이 아니라, 상처 속에서도 자신을 잃지 않기 위한 기준을 갖는 일이다. 관계가 나를 소진시키지 않도록 우리가 지켜야 할 경계와 태도를 함께 고민해 본다.

관계를 피로하게
만드는 말들

괜찮다는 말에 숨겨진 진짜 감정

우리는 자신의 속마음을 정확히 말하는 데 유난히 서툴다. 그 대상이 가까운 사람일수록 더욱 그런 경향을 보인다. 마음속에서는 분명한 생각이 떠오르지만, 막상 말로 옮기려 하면 여러 심리적 장벽이 가로막는다. 그래서 우리는 마음을 숨기고, 에둘러 말하며, 때로는 자기 자신에게조차 솔직하지 못한 선택을 한다.

'싫다'고 말하고 싶은 순간에도 우리는 쉽게 거절하지 못한다. 그 말이 상대를 상처 입히지는 않을지, 혹은 그 거절이 곧 나에 대한 반감으로 되돌아오지는 않을지 마음이 먼저 앞서기 때문이다. 그래서 우리는 '괜찮다'고 말하거나, 애매한 침묵으로 상황을 넘긴다. 반대로 '하고 싶다'고 말하고 싶을 때도 사정은 다르지 않다. 상대에게 부담을 주지는 않을지, 혹은 거절당했을 때 감당해야 할 민망함과 상처가 두려워 입을 다문다.

이런 선택이 반복되면, 원래는 단순하고 직관적이었을 감정도 점점 복잡해진다. 말은 줄어드는데 뜻은 오히려 꼬여 간다. 그러다 보면 우리는 상대의 말이 진심에서 나온 것인지, 아니면 또 하나의 방어인지조차 가늠하기 어려워진다. 이 지점에서 인간관계는 서서히 피로해지기 시작한다.

우리는 더 이상 말 그 자체에 머무르지 않는다. 말로 드러나지 않은 마음까지 읽어내려 한다. 표정과 말투, 대화의 흐름과 침묵의 시간 속에서 의미를 더듬다 보면, 관계는 어느새 감정보다 해석이 먼저 개입하는 자리가 된다.

어쩌면 우리가 관계에서 힘든 이유는 감정이 지나치게 복잡해서가 아니라 그 감정을 솔직하게 다루지 못하기 때문일지도 모른다. 말로 표현하지 못한 마음들이 쌓일수록 관계는 더 많은 추측을 요구하고, 그 부담은 이해로 이어지기보다 부담으로 남는다. 그래서 진심을 말하는 일은 언제나 어렵다. 하지만 바로 그 어려움 속에 우리가 낼 수 있는 가장 단순한 용기가 있다. 관계를 복잡하게 만들지 않는 첫걸음은 결국 마음을 숨기지 않는 데서 시작된다.

타인과 소통할 때, 무엇보다 먼저 자신의 의도를 분명히 밝히는 일이 중요하다. 하지만 일상에서 우리는 좀처럼 그렇게 행동하지 않는다. 대부분은 먼저 상대를 살핀다. 말을 아끼고, 여지를 남긴 채 반응을 기다린다. 그 사이 정작 상대는 아무런 정보도 알지 못한 채 추측만 할 뿐이다. 예를 들어, 일요일에 친구들을 초대해 생일 파티를 열고 싶을 때 우리는 대개 이렇게 말을 꺼낸다.

"너 주말에 시간 있어?"

그러나 이 말만으로는 거의 아무것도 전달되지 않는다. 정작 마음속에 있는 말은 이런 것일 것이다.

"너 주말에 시간 있어? 이번 주말이 내 생일이라 친구들을 불러 파티를 열려고 해. 너도 꼭 함께해 주면 좋겠어."

겉으로 보면 두 문장은 크게 다르지 않아 보인다. 그러나 전달되는 정보의 밀도는 분명히 다르다. 앞의 말은 상황을 숨긴 채 가능성만 열어 두는 데 그치지만, 뒤의 말은 왜 연락했는지, 무엇을 바라는지를 분명하게 전한다. 이 작은 차이가 듣는 사람의 마음에서는 전혀 다른 반응을 만들어 낸다.

만약 누군가가 내게 "주말에 시간 있어?"라고 묻는다면, 나는 먼저 내 일정을 떠올릴 것이다. 해야 할 자잘한 일은 없는지, 요즘 너무 지쳐 잠시 쉬고 싶은 상태는 아닌지부터 살핀다. 그래서 그 질문만으로는 무엇을 우선해야 할지 판단하기 어려워 자연스럽게 "시간이 없는데?"라고 답하게 될 가능성이 크다. 결정에 필요한 맥락이 전혀 주어지지 않았기 때문이다.

하지만 상대가 생일 파티라는 이유를 분명히 전했다면, 나는 그 주말을 다시 생각했을 것이다. 다른 일보다 그 약속을 더 중요하게 여겼을 수 있다. 무엇을 위한 선택인지가 분명해지면 판단 역시 달라진다.

우리가 소통에서 자주 어긋나는 이유는 거절당할지 모른다는 두려움 때문에 자신의 의도를 드러내지 않기 때문이다. 그러나 아이러니하게도 그런 숨김이 오히려 거절을 더 자주 불러온다. 상대는 상황을 알지 못한 채, 결국 자신의 사정만을 기준으로 판단할 수밖에 없기 때문이다.

의도를 분명히 전하는 일은 상대를 압박하는 것이 아니라 배려하는 태도다. 왜 그런 말을 꺼냈는지를 알려주면, 관계는 복잡해지지 않는다. 우리가 조금만 더 솔직해질 수 있다면, 많은 오해와 피로는 처음부터 생기지 않았을지도 모른다.

겉으로 보면 전혀 다른 두 가지 피드백처럼 보이지만, 사실 그 차이는 말하는 방식에서 비롯된 것이다. 의도도 같고 상황도 같았다. 다만 말을 어떻게 꺼냈느냐에 따라 결과가 달라졌을 뿐이다. 그런데 우리는 소통을 시작할 때, 자신의 뜻을 먼저 밝히기보다 상대를 먼저 살피는 쪽을 택하는 경우가 많다.

상대가 바쁘지는 않은지, 불편해하지는 않을지 지금 이 이야기를 꺼내도 괜찮은 분위기인지를 먼저 헤아린다. 상대가 힘들다면 괜히 부담을 주고 싶지 않다는 마음에서다. 이처럼 의도가 충분히 전해지지 않은 상태에서는 상대도 제한된 정보만을 가지고 판단할 수밖에 없다. 그 결과 당신의 진짜 의도는 제대로 전해지기도 전에 거절된다. 그러면 우리는 이렇게 생각한다.

'됐다. 어차피 거절당했으니 더 말하지 말자.'

그렇게 상대가 불편해할 것이라는 생각은 점점 확신처럼 굳어진다. 하지만 그 거절은 당신 자체를 향한 것이 아니다. 처음부터 왜 그런 말을 꺼냈는지, 어떤 마음이었는지를 조금 더 분명히 전했다면 전혀 다른 반응이 돌아왔을 수 있다.

소통에서 가장 기본이 되는 원칙은 자신의 의도를 가능한 한 분명하게 전하는 것이다. 상대가 오해하지 않도록 필요한 정보를 건네는 일이다. 그렇게 하면 불필요한 소모를 줄일 수 있고, 상황을 제대로 알지 못한 채 내리는 거절 또한 피할 수 있다.

'예'보다 어려운 '아니오'를 말하는 기술

또 하나의 중요한 원칙이 있다. 바로 말을 '긍정적'으로 표현하는 일이다. 그렇다면 긍정적인 표현이란 무엇일까.

그저 상대가 듣기 좋아할 말만 고르는 것일까. 불편한 이야기를 덮고 무조건 좋은 말만 건네는 것일까. 그렇지 않다. 긍정적인 표현은 감정을 숨기는 게 아니라 '사실을 솔직하게' 전하는 것이다. 예를 들어, 아내가 음식을 조금 짜게 만들었다고 해 보자. 이때 남편이 "당신은 이런 것도 제대로 못 만드냐."라고 말한다면, 이는 음식의 상태를 말하는 것이 아니라 사람을 향한 질책이 된다.

반면, "오늘은 이게 좀 짜네."라고 말한다면, 이는 상황을 있는 그대로 전한 말이다. 음식에 대한 느낌을 말했을 뿐, 상대를 공격하지는 않는다. 같은 사실을 말했지만, 표현 방식에 따라 말의 방향과 온도는 전혀 달라진다.

두 표현은 같은 사실을 말하지만, 받아들이는 쪽의 반응은 전혀 다르다. 후자의 경우라면 서로 상황을 이해하고, 다음에는 덜 짜게 하자는 선에서 대화가 마무리될 수 있다. 반면, 전자의 경우에는 불필요한 감정이 끼어들고 갈등이 다툼으로 번지기 쉽다.

우리는 또 하나의 상황에서 자주 망설이게 된다. 바로 '거절'이다. 누군가 어떤 부탁을 해 왔을 때 마음은 내키지 않지만, 상대의 기분을 상하게 할까 봐 그 제안을 받아들이는 경우가 그렇다. 이것 역시 긍정적인 표현이라고 보기는 어렵다. 긍정적인 표현이란 'NO'라고 말하지 않는 것이 아니라, 'NO'를 어떻게 말하느냐다. 배려를 이유로 자신의 의사를 숨기면 그 부담은 결국 자신에게 돌아온다. 상대가 받아들일 수 있는 방식으로 그러나 자신의 입장은 분명히 전하는 연습이 필요하다. 사실을 왜곡하지 않으면서도 상대를 공격하지 않는 말. 그것이 소통에서 말하는 진짜 긍정성이다.

인간관계에서 느끼는 '소모감'의 대부분은 소통의 과정에서 비롯된다. 사람과 사람 사이의 말은 몸과 마음을 동시에 피로하게 만들기도 하고, 때로는 상대에 대한 거리감으로 이어지기도 한다. 다만 의도적인 악의를 제외한다면, 그 원인은 대개 우리가 제대로 표현하지 못하고 충분히 주고받지 못한 데에 있다.

소통과 표현은 단순히 입을 열어 말을 하는 일이 아니다. 상대를 살피며 이해를 쌓아가고, 여러 번의 시행착오를 거치며, 그때그때 상황에 맞게 자신을 조율해 가는 과정이다. 무엇을 말할지보다 어떻게 말할지를 계속해서 고민해야 하는 이유도 여기에 있다. 언어는 우리가 생각하는 것보다 훨씬 큰 영향력을 미친다. 말 한마디에 웃고 운다는 표현이 괜히 생긴 것이 아니다.

같은 내용이라도 어떻게 표현하느냐에 따라 상처가 되기도 하고, 서로를 이해하는 계기가 되기도 한다. 불필요한 오해를 키우는 말이 있는가 하면, 함께 문제를 바라보게 만드는 말도 있다. 그 차이는 크지 않다. 다만 조금 더 분명하게, 조금 더 진실하게 말하려는 데서 갈린다.

버티는 삶에서
돌보는 삶으로

어느 날, 친구 S가 이야기를 나누다 말고 정신과 의사를 만나 상담을 받아보고 싶다고 말했다. 무슨 일이 있는지 묻자, 친구는 잠시 망설이다가 이렇게 털어놓았다. 큰 문제는 없는데 요즘 들어 이유 없이 마음이 자주 초조해진다는 것이다. 그리고 조심스럽게 덧붙였다.

"내가 정말 정신과 의사를 만나야 할까?"

나는 잠시도 망설이지 않고 말했다.

"당연하지."

우리는 대체로 심리적인 성장 과정에는 큰 관심을 두지 않는다. 그저 열심히 일하고, 그만큼 버티다 보면 자연스럽게 단단해진다고 믿는다. 아무 일도 생기지 않기를 바라면서 말이다. 하지만 현실은 다르다. 살다 보면 예상하지 못한 일은 반드시 생기고, 그때마다 태연하게 대처하며 감정을 이성적으로 조절할 수 있는 사람은 생각보다 많지 않다.

그 이유는 분명하다. 우리는 감정을 다루는 법을 제대로 배우지 못한 채 성인이 되었기 때문이다. 자기 마음을 이해하고, 조절하고, 다시 회복하는 방법을 익히기 전에 우리는 이미 사회의 속도에 떠밀렸다. 그러다 보니 작은 자극에도 쉽게 흔들리고, 사소한 일에도 마음이 빠르게 달아오른다. 바람이 스치기만 해도 흔들리는 나무처럼, 뜨거운 솥 안에서 방향을 잃고 헤매는 개미처럼.

우리는 살다 보면 어느 순간부터 나 자신이 잘 느껴지지 않을 때가 있다. 예전의 기준이 흐려지고, 무엇이 힘든지도 분명하지 않은 상태가 오래 이어지기도 한다. 이럴 때 자신의 성격 문제로 돌릴 필요는 없다. 그동안 자신을 돌볼 여유가 부족했기 때문일 수 있다.

정신과 상담은 문제가 생긴 뒤에만 찾는 곳이 아니다. 마음이 보내는 미세한 신호를 알아차렸을 때, 자신을 점검하고 정비하는 과정이 필요하다. 몸이 아프기 전에 건강검진을 받듯이 마음도 미리 들여다볼 필요가 있다.

그래서 나는 친구의 질문이 오히려 건강하다고 느껴졌다. 자신의 상태를 외면하지 않고, 초조함을 정상으로 착각하지 않으며, 도움을 고민할 수 있다는 것. 그것은 약함이 아니라 성숙함이다. 마음을 조금 더 자주 살펴보자. 흔들리지 않기 위해서가 아니라 흔들릴 때 다시 중심으로 돌아오기 위해서다.

우리는 오랫동안 정신과 의사를 꺼리는 문화에서 살아왔다. 마음의 문제는 스스로 참고 견뎌야 할 몫이라 여기고, 부정적인 감정은 어떻게든 삼켜야 한다고 배워 왔다. 그렇게 소화되지 못한 감정들은 차곡차곡 자기 안에 쌓여간다. 그나마 이는 덜 위험한 상태다. 그 감정들이 고스란히 다른 사람에게 옮겨 가기도 하기 때문이다.

소화되지 못한 감정은 몸속에서 배출되지 못한 노폐물과 비슷하다. 당장은 큰 병이 되지 않더라도 쌓일수록 균형을 무너뜨린다. 겉으로는 괜찮아 보일 수 있지만, 작은 일에도 쉽게 지치고 자주 좌절하게 된다. 그런 사람들을 향해 이렇게 말하는 사람들도 있다.

"왜 이렇게 연약하니?"

"그 정도 일로 왜 이렇게 쉽게 무너지니?"

"다른 사람들처럼 좀 더 강해질 수는 없니?"

하지만 이런 말은 도움이 되기보다 이미 무너진 마음 위에 또 하나의 짐을 얹는 일이다. 감정을 다루기 어려운 사람에게 '강해지라'는 말은 아픈 사람에게 왜 아프냐고 묻는 것과 같다.

나 역시 비슷한 기억이 있다. 중학생 시절, 기숙학교에 다녔는데 몸이 아파 집에 전화를 걸 때마다 아버지는 늘 이렇게 타박하셨다.

"너는 왜 이렇게 생각이 없니? 혼자 생활하면 조심하고 자기 몸을 잘 챙겨야지. 어떻게 병이 나게 만드니?"

그 말을 듣고 있으면 아픈 몸보다 먼저 마음이 움츠러들었다. 몸이 아픈 일이 어느새 나의 부주의와 잘못이 되어버렸다. 돌봄이 필요한 순간에 나는 자신을 책망하는 법부터 배우게 된 것이다.

아프지 말아야 하고, 흔들리지 말아야 하며 스스로 해결하지 못하면 부족한 사람이 되는 사회에서 우리는 마음의 신호를 점점 무시하게 된다. 그러다 결국 감정은 제때 배출되지 못한 채 쌓이고 삶은 점점 버거워진다. 그래서 마음을 돌보는 일은 약함의 증거가 아니라 자신을 지키는 최소한의 책임이다.

감정을 삼키는 대신 들여다보고, 혼자 버티는 대신 도움을 고민하는 것. 그것은 연약함이 아니라 건강하게 살아가기 위한 선택이다. 우리는 조금 더 자주, 마음이 아프다고 말해도 괜찮다. 그리고 그 아픔을 혼자서만 감당하지 않아도 된다.

___________ 마음의 신호를 무시하게 될 때

내 친구 M은 나를 만나기 전까지 스무 해가 넘는 삶 동안 단 한 번도 "그건 네 잘못이 아니야."라는 말을 들어 본 적이 없다고 했다. 노력했음에도 결과가 기대에 미치지 못하면, 돌아오는 말은 거의 비슷했다.

"그건 네 노력이 부족한 거야."

"○○처럼 했어야지."

우리 또한 오랫동안 이런 환경에서 살아왔다. 겉으로 보기에는 점점 단단해지고 성숙해지는 것처럼 보이지만, 실제로는 점점 얇아지는 풍선과도 같다. 안쪽의 압력은 계속 높아지는데, 그 압력을 빼낼 통로는 허락되지 않는다. 그래서 아주 작은 자극 하나에도 순식간에 무너진다. 그런데 정작 터지고 나면 사람들은 주변으로 몰려든다.

"무슨 일이야?", "어쩌다 이렇게 된 거야?", "왜 갑자기 문제가 생긴 거야?"

하지만 사실은 '어쩌다'가 아니다. 문제는 늘 그 자리에 있었다. 다만 우리는 오래도록 이를 드러내지 않도록 배워 왔을 뿐이다. 도움을 청하지 말 것, 마음을 쉽게 털어놓지 말 것, 스스로 해결하지 못하면 약한 사람이 된다는 식의 교육 속에서 말이다.

우리 이야기를 진심으로 들으려는 사람은 많지 않다. 사람들은 나의 상황이나 생각을 이해하려 하기보다 그저 빨리 회복하는 모습을 보고 싶어 할 뿐이다. 설령 당신이 깊은 구덩이에 빠졌다는 사실을 알더라도 마음속으로는 이렇게 생각한다.

'별일 아닐 거야. 금방 나올 수 있겠지.' 그리고 스스로 걸어 나와 옷에 묻은 먼지를 털며 "괜찮아, 별거 아니야."라고 말해 주기를 바란다.

그러나 어떤 구덩이는 혼자 힘으로는 빠져나오기 어렵다. 그리고 어떤 마음은 누군가 곁에 앉아 "그건 네 잘못이 아니다."라고 말해 주기 전까지는 끝내 숨을 고르지 못한다. 어쩌면 우리에게 가장 부족했던 것은 조언도, 훈계도, 더 큰 인내심도 아니었을 것이다. 다만 한 번쯤, 아무 조건 없이 책임을 내려놓게 해 주는 말이었을지 모른다.

"너는 이미 충분히 애썼다."

그 말 한마디가 사람을 다시 숨 쉬게 만든다는 사실을 우리는 너무 늦게 배워 왔다.

우리는 대체로 힘없는 타인의 모습을 오래 바라보지 못한다. 누군가 도움을 요청하면 마음 한편이 불편해진다. 그것은 냉정해서라기보다 자기에게 보살필 여력이 없다고 느끼기 때문이다. 그래서 우리는 그들이 흔들리지 않기를, 기대지 않기를 바란다. 그래야 누군가를 외면했다는 부담도, 난처함이나 죄책감도 덜 느낄 수 있기 때문이다.

이렇게 상대에게 강함을 요구하는 마음의 이면에는 피로와 두려움이 자리하고 있다. 그러나 이런 태도는 결국 자기 자신에게 되돌아온다. 타인의 약함을 견디지 못하는 사회에서는 자신의 약함 또한 드러내기 어렵다. 그렇게 우리는 서서히 자신을 가두는 사람이 된다. 밖에서는 많은 말을 나누지만, 그 말들 대부분은 진짜 자신과는 거리를 둔 이야기다.

혹시라도 자신의 고통이 다른 사람에게 부담이 될까 봐, 불편한 존재로 보일까 봐 마음을 숨긴다. 나의 아픔이 다른 사람들의 화제가 되는 것도 두렵다. 그래서 차라리 아무 일 없는 사람처럼 말하고, 아무렇지 않은 얼굴로 관계를 이어간다.

어느 순간 우리는 왜 이렇게 혼자인지, 왜 이렇게 말할 곳이 없는지 묻게 된다. 어쩌면 강해 보이는 사회일수록 사람들은 더 깊이 고립되어 있을지도 모른다. 약함을 나눌 자리가 없는 곳에서 강함은 점점 혼자 감당해야 할 의무가 된다. 우리는 그 사실을 알면서도, 여전히 서로에게 강해지기를 요구하며 살아간다.

내가 알지 못했던 나의 감정

2019년 겨울, 한 친구를 통해 처음으로 '점성가'라는 존재를 알게 되었다. 당시의 나는 그저 호기심으로 온라인 상담을 예약했다. 상담을 앞두고 일주일쯤 가볍게 몇 마디를 주고받은 뒤, 정식으로 이야기 나눌 시간을 잡았다. 별다른 기대는 없었다.

새로운 경험 하나쯤으로 여겼고, 조금 흥미로운 대화가 되면 그걸로 충분하다고 생각했다. 그러나 점성가와 실제로 이야기를 나누면서 생각이 달라졌다.

"미래의 배우자와 최소한 말은 잘 통해야죠."

그러자 그녀는 잠시의 망설임도 없이 이렇게 말했다.

"그뿐만이 아니죠. 늘 영혼의 단짝을 갈망해 오셨잖아요."

"저는 쉽게 싫증을 내고, 좀 소극적인 편이에요"

그녀는 고개를 저으며 말했다.

"그렇게 단순하지 않아요. 당신의 감정은 훨씬 더 강렬해요. 정확히 말하면 당신은 종종 고통스러워하고, 사라지고 싶다는 생각까지 하죠."

그 말을 듣는 순간 나는 소파에 앉은 채 깊게 숨을 들이마셨다. 마치 누군가 내 안쪽을 정확히 짚어낸 듯한 느낌이었다. 나는 다른 사람 앞에서 쉽게 앓는 소리를 하지 않는 사람이다. 내 고통에는 분명한 원인이 없다는 것을, 적어도 현실적인 문제나 구체적인 걱정에서 비롯된 것이 아니라는 사실도 잘 알고 있다. 그래서 이를 설명할 말도, 해결책도 떠올릴 수 없었다. 말로 옮길 수 없는 고통을 굳이 꺼내고 싶지 않았던 것이다.

그럼에도 고통은 분명히 존재했다. 그 고통은 수년간 나를 긴장하게 만들었고, 마음을 졸이지 않으려 애써도 어느 순간 몸까지 흔들어 놓았다. 실제로 가슴에 통증을 느낄 만큼 신체의 감각으로까지 번졌다. 설명할 수는 없지만 결코 약하지 않은 고통이었다. 단단하고 선명해서 외면하려 할수록 오히려 더 또렷해지는 종류의 것이었다.

이런 이야기는 그 누구에게도 꺼내 본 적이 없다. 배우자에 대한 바람 역시 마찬가지였다. 마음 한편에 늘 '영혼의 단짝'을 갈망하고 있다는 사실을 굳이 드러내고 싶지 않았다. 자칫 평범하지 않은 이상주의자로 보이거나, 현실을 모르는 사람으로 오해받을까 두려웠다. 그래서 말하지 않는 쪽을 택했다. 그 침묵이 나 자신을 지키는 방법이라고 믿었기 때문이다. 점성가는 이렇게 말했다.

"너무 많은 이유를 찾으려 애쓰지 않아도 됩니다. 꼭 설명이 필요하다면, 이것은 당신의 운명이 그렇게 흘러온 일이라고 자신에게 말해도 괜찮아요. 받아들이세요. 두려워하지 말고, 모든 일에는 이미 저마다의 흐름이 있다고 생각해 보세요."

그 말은 해답이라기보다 하나의 허락처럼 들렸다. 굳이 모든 것을 파헤치지 않아도 된다는 허락, 다 이해하지 못해도 괜찮다는 승인처럼 마음에 와닿았다.

친구들은 호기심 어린 눈빛으로 나에게 어떤 상담을 받았는지 물었다. 나는 자세한 이야기를 하지는 않았는데 점성가 역시 내게 어떤 예언이나 단정적인 설명을 건네지는 않았다.

어느 정도 나이가 들면, 우리는 삶을 이해하기 위한 나름의 논리를 저마다 만들어 간다. 무엇이 다가올지, 무엇은 끝내 오지 않을지, 성공과 실패의 윤곽쯤은 사실 대부분 어렴풋이 알고 있다.

그럼에도 그날 이후로 분명히 달라진 것이 있었다. 오래 짊어지고 있던 무거운 짐 하나를 내려놓은 듯한 느낌이었다. 설명할 수 없었던 통증도 다시 나타나지 않았다. 무엇이 바뀌었는지 정확히 말할 수는 없지만, 적어도 나는 더 이상 그것을 붙들고 씨름하지 않게 되었다. 어쩌면 그날의 상담이 내게 건넨 것은 답이 아니라, 이제는 '놓아도 된다'는 깨달음이었을지도 모른다.

나는 고독의 또 다른 의미가 자신의 '갈망'이 누군가에게 읽히길 바라는 마음이라는 것을 알고 있다. 이렇게 이해한다고 해서 고독이 사라지거나, 고민이 눈에 띄게 줄어들지는 않는다. 그럼에도 누군가에게 '이해받았다'는 사실 하나만으로도 우리는 잠시 숨을 고를 수 있다. 이해받았다는 감정은 문제의 답이 없어도 마음을 잠시 내려놓고 쉬게 한다.

친구가 "정신과 의사를 만나야 할까?"라고 물었을 때, 내가 그렇다고 답한 것도 같은 이유에서였다. 나는 그녀에게 어떤 병이 있거나, 심각한 문제가 생겼다고는 생각하지 않는다. 다만 아무 부담 없이 다른 사람으로부터 지금의 마음 상태가 이해되기를 바랐을 뿐이다. 판단이나 처방이 아니라 절대적인 신뢰가 보장된 공간에서 잠시 마음을 내려놓으며, 자신을 편안하게 둘 수 있기를 바랐다.

누군가에게 깊이 이해받는 데에는 긴 시간이 필요하지 않다. 몇십 분이면 충분하다. 그 짧은 시간 동안 자신이 있는 그대로 받아들여지고, 이해되며, 왜 그런 감정을 느끼는지 굳이 설명하지 않아도 괜찮다는 경험은 깊은 울림을 준다. 그것은 단순한 위로가 아니라 회복이 시작되는 순간이다. 그렇게 얻은 작은 힘으로 우리는 다시 각자의 길로 돌아간다.

여전히 혼자 걸어야 하는 여정이고, 여전히 답이 없는 삶이지만, 적어도 혼자가 아니라는 기억 하나를 간직한 채로 말이다.

누군가에게 이해받았다는 경험은 오래 남아 고독의 순간을 조금 더 견딜 만하게 만든다. 어쩌면 우리가 진정 바라는 것은 문제의 해결이 아니라, 그 문제를 안고 있는 나 자신이 한 번쯤은 온전히 이해되는 경험일지도 모른다. 그 경험만으로도 우리는 다시 길고도 고독한 영혼의 여정을 걸어갈 힘을 얻는다.

깊은 감정을
오래 지키는 법

얼마 전 한 젊은 친구가 자신에게는 유독 친구를 사귀는 일이 어렵다고 털어놓았다. 특히 이렇게 큰 도시에서는 사람들 모두가 늘 바쁘고, 각자의 삶이 촘촘히 채워져 있어 약속 하나를 잡는 데에도 시간과 힘, 마음은 물론 적잖은 비용이 든다는 것이다. 그래서 누군가를 만나기 위해 애쓰는 일 자체가 서로를 정말로 아끼고 있다는 증거처럼 느껴진다는 것이다.

그가 느끼는 어려움은 사실 아주 자연스러운 감정이다. 인간관계란 본래 어느 정도의 비용을 요구한다. 그렇기에 관계가 쉽게 시작되지 않는다고 해서 그것을 개인의 결함이나 성격의 문제로 돌릴 필요는 없다. 이는 개인의 문제가 아니라 관계가 형성되는 환경과 구조에서 비롯된 것이다.

우정이나 애정에는 여러 단계가 있다. 보통의 관계가 있고, 조금 더 가까운 관계가 있으며, 아주 깊은 관계도 있다. 보통의 사이는 다른 사람들보다 조금 더 익숙하고, 상호작용이 잦으며, 호감이 더해진 관계다. 인사를 나누고 안부를 묻고, 필요할 때 자연스럽게 떠올릴 수 있는 사이를 말한다.

조금 더 가까운 사이는 시간이 만든다. 함께한 시간이 쌓이고, 기쁨과 불편함을 거치며 서로의 결을 조금씩 알아간다. 이 단계에서 관계는 서서히 다듬어진다. 배려가 생기고, 마음을 쓰는 일이 자연스러워진다. 상대를 아끼는 마음 또한 분명해진다.

아주 가까운 사이는 그보다 훨씬 더 깊다. 서로를 온전히 '내 사람'으로 받아들이는 단계다. 이 관계가 완벽하다는 뜻은 아니다. 다만 서로가 상대의 삶에서 중요한 자리를 차지하고 있고, 어떤 상황에서라도 서로를 실망시키지 않을 것이라는 신뢰가 있다. 기대가 커서가 아니라 기대의 기준이 분명하기 때문이다. 이런 관계는 쉽게 만들어지지 않는다. 그래서 우리는 가끔 외로움을 느낀다. 그렇다고 모든 관계가 가장 깊은 단계에 이르러야만 의미를 갖는 것은 아니다. 각자의 위치와 속도에 맞는 관계들이 저마다의 역할을 한다.

친구를 사귀기 어렵다는 말은 관계를 가볍게 여기지 않는다는 뜻일지도 모른다. 시간과 마음을 아무 데나 쓰지 않겠다는 것,

그리고 진짜 관계를 기다리겠다는 조심스러움이 담겨 있다.
그 조심스러움 자체가 이미 관계를 대하는 성숙함이다.

사람과 사람 사이의 믿음이 일정한 깊이에 이르는 일은 사실 쉽지 않다. 그만큼 귀하고, 그래서 쉽게 만들어지지 않는다. 관계에서 언제 질적인 변화가 일어나는지를 정확히 짚어내기는 힘들다. 오래 알고 지냈다고 해서, 함께한 시간이 길다고 해서 반드시 감정이 그만큼 깊어지는 것은 아니다. 많은 사람은 시간이 쌓이면 감정도 자연스럽게 깊어진다고 생각한다. 그러나 그것은 관계를 지나치게 단순하게 바라본 결과일 수 있다.

오래 알고 지냈다고 해서 감정이 저절로 쌓이는 건 아니다. 방심하면 감정은 생각보다 쉽게 흔들린다. 오랜 시간 쌓아온 관계도 어느 날 문득 과거의 일이 된 듯 느껴질 수 있고, 몇 년을 함께해 온 인연마저 작은 계기로 차갑게 식어 버리기도 한다. 관계가 달라지는 이유는 대부분 거창하지 않다. 성인이 된 뒤의 관계에서는 큰 다툼보다 말없이 생긴 거리감이 먼저 나타난다.

그리고 균열은 훨씬 눈에 띄지 않는 방식으로 시작된다. 연락이 조금씩 뜸해지고, 서로를 이해하려는 마음이 줄어들며, 어느 한쪽이 마음속에서 조심스레 한발 물러선다. 그렇게 관계는 소리 없이 변해 간다. 겉으로는 아무 일도 일어나지 않은 것처럼 보이지만, 사실상 그 관계는 되돌아오기 어려운 내리막길에 들어선다. 큰 싸

움도, 극적인 결별도 없다. 단지 '더 이상 다가가지 않기로 한 선택' 하나로 충분하다.

'내 사람'이 되기 위해 필요한 것

내게도 일상적인 관계로 이어지는 친구들은 많다. 꾸준히 안부를 주고받으며 무리 없이 지낼 수 있는 사람들이다. 이는 최소한 서로에게 반감이 없고, 공통의 화제나 필요가 있으며, 적당한 관심과 선의를 자연스럽게 나눌 수 있다는 뜻이기도 하다. 때로는 작은 도움을 건넬 수 있고, 그것을 부담 없이 받아들일 수 있는 사이이기도 하다.

이런 우정을 유지하는 데에는 사실 큰 노력이 필요하지 않다. 기본적인 예의와 존중, 지나치지 않은 관심만 있으면 충분하다. 무리하지 않고 선을 넘지 않으며, 관계를 억지로 끌고 가지 않는 것. 그 정도만 지켜도 일상적인 관계의 우정은 오래 이어진다.

조금 더 가까운 친구는 보통 열 명 안팎이다. 이 단계에 이르렀다는 것은 연락이 잦고, 함께한 시간이 많으며, 서로의 삶에 어느 정도 깊이 들어와 있다는 뜻이기도 하다. 그래서 호의뿐 아니라 각자의 성향과 한계도 드러난다. 그만큼 이 단계의 관계에서는 감정이 예민해지기 쉽다.

이런 관계에서는 큰 틀에서의 충돌만 없다면 우정이 이어질 수 있다. 그러나 중요한 지점에서 한 번 균열이 생기면 관계에는 금이 간다. 겉으로는 예전처럼 친근해 보여도, 마음속에서는 각자 한 걸음 물러선다. 그리고 그 거리를 다시 예전으로 되돌리기 어렵다는 사실을 두 사람 모두 어렴풋이 알게 된다.

그래서 '내 사람'이라고 부를 수 있는 관계는 흔치 않다. 이런 관계에서는 손해와 이익을 일일이 따지기보다 주는 쪽은 기꺼이 주고, 받는 쪽은 그 마음을 알고 있어야 한다. 이 균형이 깨지면 그 관계는 오래 가기 어렵다.

> 사람들은 남을 돕는 일에는 비교적 너그럽다. 문제는 그 주고받음이 한쪽으로 기울어 있다고 느껴질 때다. 관계 안에서 계속 주는 쪽과 받기만 하는 쪽이 고정되면, 그 차이는 곧 불평등으로 인식된다. 불평등은 서운함을 낳고, 서운함은 원망으로 쌓인다. 원망이 생긴 관계는 더 나아가기 어렵다.

만일 두 사람이 같은 편에 서서 누군가를 비난하고, 외부의 대상을 만들어 결속을 확인하는 관계라면 오래 버티지 못한다. 그런 연결은 상황이 끝나면 함께 사라지기 쉽다.

생각이 다르고 입장이 엇갈려도, 상대를 곤란하게 만들지 않으려는 태도. 굳이 말로 약속하지 않아도 서로 지켜야 할 선이 무엇인지 알고, 그 선을 넘지 않으려 애쓰는 마음. 상대의 약한 부분을 알면서도 일부러 건드리지 않는 절제. 그런 순간들이 쌓일 때 관계는 단단해진다.

하지만 친밀한 관계일수록 사람들은 더 쉽게 실망한다. 기대가 커지기 때문이다. 특히 '이 정도는 이해해 주겠지'라는 생각은 관계를 빠르게 지치게 만든다. 그래서 이런 관계를 유지하는 일은 결코 쉽지 않다. 우정이든 애정이든, 일정한 대가를 치르며 유지된다.

관계는 깊어질수록 오히려 복잡해진다. 더 많이 알고, 더 많이 기대하게 되기 때문이다. 그래서 깊은 관계는 늘 소중하지만, 그만큼 더 많은 배려와 조심스러움이 필요하다.

─────── '너나없는' 관계에 대한 오해

사람들이 동경하는 '너나없는' 관계의 핵심은 역설적으로 너와 나를 분명히 구분하는 데 있다. 서로의 경계를 허무는 것이 아니라 넘지 말아야 할 선을 함께 존중하는 일이다. 규칙을 가볍게 여기지 않고, 상대의 호의를 당연하게 여기지 않으며, '모두가 만족하는 상태'를 '내가 더 만족하는 선택'보다 앞에 두는 태도다.

그런데 여기서 또 하나의 어려운 질문이 생긴다. 만약 상대가 나를 더 좋아하고, 나는 그만큼의 마음이 아닐 때는 어떻게 해야 할

까. 상대의 호의에 이끌려 따라가야 할까? 그렇지 않다. 오히려 그
럴수록 그 사실을 직접적으로 전해야 한다. 마음 한편에서는 이런
목소리도 올라온다.

'이 정도는 맞춰주는 게 맞지 않겠어?'

하지만 마음이 괜찮을 리는 없다. 마음속에 남은 불편함은 시간
이 지나도 저절로 사라지지 않는다. 오히려 관계를 잠식할 수 있
다. 이런 침묵은 때로는 거절보다 훨씬 더 큰 상처를 남길 수 있다.
내게 친구를 사귀기 어렵다고 말했던 그녀의 문제도 바로 여기에
있었다.

그녀는 처음부터 상대에게 자신을 맞추고 싶지는 않았다. 다만
잘 어울리는 사람처럼 보이고 싶다는 마음에 그 관계를 받아들였
다. 그래서 겉으로 보기에는 큰 문제가 없는 교류처럼 보였지만,
정작 마음속에서는 적지 않은 것을 참고 있었다. 이런 관계에서는
누구도 온전히 만족할 수 없다. 한쪽은 억지로 맞추고 있고, 다른
한쪽은 그 억지조차 인식하지 못한다. 그 사이에서 쌓이는 감정은
결국 오해와 원망으로 바뀐다.

'너나없는' 관계란 모든 것을 함께하는 상태를 뜻하지 않는다.
서로의 경계를 흐리거나, 자신을 희생하는 관계도 아니다. 오
히려 각자의 마음을 분명히 알고, 그 차이를 솔직하게 드러낼
수 있는 관계다. 불편함을 숨기지 않고, 기대를 강요하지 않으

<u>며, 상대를 곤란하게 만들지 않는 선택을 하는 것.</u>

어쩌면 관계에서 가장 어려운 용기는 상대를 놓치지 않기 위해 참는 것이 아니라, 상대를 존중하기 위해 진실을 말하는 일인지도 모른다.

그렇다면 이런 우정이나 애정은 어떻게 유지될 수 있을까. 좋은 관계란 한쪽이 조건 없이 다른 쪽에 동의하고, 늘 지지하며, 언제나 같은 입장에 서 있는 상태를 뜻하지 않는다. 오히려 서로에게 반대할 수 있는 여지를 남겨 두면서도 관계가 이어지는 것이다. 중요한 것은 반대 의견이 있다는 사실 자체가 아니다. 그 의견을 어떤 태도로 다루느냐가 관계를 좌우한다. 반대한다고 해서 상대를 비난하거나 통제하려 들어서는 안 되고, 그 사람의 삶에 함부로 개입해서도 안 된다.

관계가 힘들어지는 순간은 대개 분명한 잘못이 있어서가 아니다. 이해하려 애써도 마음이 따라주지 않을 때, 애쓰는 쪽이 한쪽만일 때 지친다. 그래서 어느 순간 이 관계를 계속 안고 갈 수 있을지, 아니면 이쯤에서 거리를 두는 편이 나을지 묻게 된다. 이 선택은 옳고 그름의 문제가 아니다. 지금의 내가 감당할 수 있는 무게와 거리가 어디까지인지를 살펴보는 일이다.

모든 감정이 순조롭게 깊어지고, 자연스럽게 단단해지는 것은 아니다. 감정은 커지기도 하지만 멈추기도 하고, 때로는 뒤로 물러서기도 한다. 애쓰지 않아도 되고, 돌보지 않아도 되는 관계는 애초에 존재하지 않는다.

관계는 감정만으로 유지되지 않는다. 말과 행동에 담긴 태도, 서로에 대한 책임감, 그리고 때로는 한발 물러설 줄 아는 판단이 함께할 때 이어진다. 그래서 좋은 관계란 노력하지 않아도 되는 상태가 아니라, 관계의 방향을 계속 돌아보고 그에 맞는 태도를 실천해 가는 일이다.

상처가 나를
움츠러들게 하지 않도록

얼마 전, 내 '사랑' 하나가 흐지부지 사라졌다. 정확히 말하면, 아직 시작조차 하지 못한 사랑이었다. 우리는 서로에게 호감을 느꼈고, 나는 조금 더 가까이 다가가 상대를 깊이 알고 싶어졌다. 하지만 그는 분명한 말로 선을 그었다.

이런 상황이 처음은 아니다. 돌이켜 보면 예전의 나 역시 누군가에게 같은 방식의 거절을 건넨 적이 있다. 그래서 나는 그의 뜻을 단순한 상처로만 받아들이지 않으려 했다. 사람마다 자라온 환경이 다르고, 과거의 관계에서 안고 온 상처의 크기도 제각각이다. 어떤 사람은 그것을 비교적 잘 감당하지만, 어떤 사람은 아직 그만한 여유를 갖지 못한다.

치유되지 못한 상처는 그대로 남아 있다. 시간이 흐른다고 해서 저절로 사라지지도 않는다. 오히려 조심스럽게 덮어 두었다가 비슷한 온도의 감정이 다가오면 다시 통증처럼 되살아난다. 그렇게 덧난 마음은 외부 세계에 과도하게 반응하게 된다. 작은 신호에도 쉽게 경계하고, 먼저 물러서며, 상대를 밀어내고 불신하게 된다. 이런 반응은 낯설지 않다. 유기견을 떠올려 보면 된다. 유기견은 사람에게서 안정감이나 신뢰를 쉽게 느끼지 못한다. 그래서 설령 호의로 다가오는 사람에게도 이빨을 드러내고 발톱을 세우거나, 겁에 질려 서둘러 도망쳐 버린다.

우리는 그런 경우 일정한 거리를 유지한다. 먹이를 줄 수는 있어도, 그 대가로 친근함을 요구하지는 않는다. 선의를 베풀었다고 해서 곧바로 믿어 달라고 재촉하지도 않는다. 그들이 경계할 수밖에 없는 이유를 알고 있기 때문이다. 하지만 이상하게도 사람이 사람을 좋아하게 되면 이 단순한 원칙을 지키기가 어렵다.

그는 과거의 경험 때문에 자신이 몹시 예민해졌고 조심성이 많아졌으며, 타인을 쉽게 믿지 못하게 되었다고 말했다. 나는 그 말을 충분히 이해할 수 있다고 답했다.

"누구에게나 자신을 보호하기 위해 마음의 문을 닫아 두었다가 충분히 안전하다고 느낄 때 그것을 열 권리가 있지."

성숙한 성인이라면 관계 안에서 자신을 온전히 지켜낼 수 있어야 한다. 상대를 구원하려 하거나 자신을 소진시키면서까지 관계를 붙들고 버티는 태도는 성숙함과 거리가 멀다. 그러나 현실에서 이를 제대로 해내는 사람은 많지 않다. 많은 이가 과거의 상처를 잘 다루지 못한 채, 그 고통을 현재의 관계로 옮겨온다. 좋지 않은 관계에서 겹겹이 다친 마음을 지금 만난 선의를 가진 사람에게 쏟아내는 것이다. 믿지 못하고, 피하고, 시험하며, 때로는 의도적으로 상대를 밀어붙이기도 한다.

사람마다 마음에 남아 있는 여유의 크기는 다르다. 어떤 이는 아직 누군가를 받아들일 힘이 남아 있고, 어떤 이는 그럴 만큼 회복되지 못한 상태일 뿐이다. 그 차이는 잘잘못으로 가릴 수 있는 문제가 아니다. 다만 그 상태에서 만난 관계는 서로에게 다른 무게로 다가온다. 한쪽에게는 사소한 일이, 다른 쪽에게는 감당하기 벅찬 일이 되기도 한다. 그래서 관계는 늘 타이밍과 마음의 준비가 함께 맞아야 한다. 그렇지 않으면 선의조차 부담으로 남는다.

그래서 우리는 자주 이해와 책임의 경계에서 길을 잃는다. 이해할 수는 있지만, 감당할 수는 없는 순간들이 있다. 공감할 수는 있어도, 그 모든 반응을 받아내야 할 의무까지는 없다.

상처가 이유가 될 수는 있어도 면허가 될 수는 없다.

내가 생각하는 성숙은 다른 사람을 이해하는 데서 멈추지 않는다. 그것은 자신을 놓아줄 줄 아는 능력까지를 포함한다. 아플 때 의사에게 도움을 요청할 수 있고, 의사가 최선을 다했음에도 더 이상 해 줄 수 있는 것이 없다는 사실도 받아들이며 감사할 수 있는 태도다.

어느 의사도 처음부터 치료하지 못할 결말을 예상하며 진료실에 들어서지는 않는다. '손 쓸 수 없다'는 말은 의사에게도 좌절이자 슬픔이다. 그러나 우리가 그 '손 쓸 수 없는' 환자의 자리에 서게 될 때는 상황이 달라진다. 많은 경우 이성을 잃고 현실을 원망하며, 결과를 부정한다. 때로는 의사나 가족에게 분노를 쏟아내기도 한다. 고통 앞에서 흔들리는 것은 인간으로서 자연스러운 반응이다. 다만 그 분노를 어디에 두어야 하는지는 또 다른 문제다. 이런 생각을 하는 이들도 있다.

'나는 이미 많은 상처를 받았어. 그래서 이제는 다른 사람을 배려해야 할 이유가 없으며, 관계에서 선을 지키지 못하더라도 문제되지 않는다고 생각해.'

솔직히 말해 이런 사람들은 가엾지만 동시에 위험하다. 그렇다면 이런 사람을 만났을 때 우리는 곧장 피해야 할까. 만약 자신을 보호할 만큼의 힘도 없고, 상대를 감당하거나 회복으로 이끌 여력도 없다면, 거리를 두는 선택은 필요하다. 이는 물에 빠진 사람을 목격했을 때와 비슷하다. 우리는 자연스럽게 측은지심을 느끼고, 그가 무사히 구조되기를 바란다. 그러나 수영을 할 줄 모르거나 실력이 충분하지 않은 사람이 직접 물속으로 뛰어든다면, 자신까지 위험에 빠질 수밖에 없다.

현실에서도 특히 친밀한 관계 안에서는 이런 '관계 구조'가 드물지 않다. 우리는 감정이나 도덕, 책임감 때문에 자신이 상대를 구할 수 있다고 믿기 쉽다. 그러나 실제로는 그 사람에게 이끌려 함께 휩쓸려 내려가는 경우가 더 많다. 이런 상황에서는 이성적이고, 때로는 매정해 보일 수 있는 선택이 필요하다. 피하는 것이다. 당신이 그 자리에 머문다고 해서 상황이 나아지지 않는다. 상대에게 필요한 것은 당신의 뜨거운 감정이나 선의가 아니라, 더 큰 힘과 전문성을 갖춘 구조다.

아무리 숙련된 정신과 의사라 하더라도 어떤 문제를 다루기 위해서는 당사자의 협조가 꼭 필요하다. 무엇보다도 상대가 이 자리에 온 이유가 '치유를 받기 위함'이라는 사실을 스스로 인식하고 있어야 한다. 이 기본적인 전제가 받아들여지지 않는다면, 아무리 뛰어난 전문가라 해도 할 수 있는 일에는 분명한 한계가 생긴다.

그렇다면 우리 같은 보통 사람들은 더욱 말할 것도 없다. 누군가를 구하고 싶다는 마음이 커질수록 먼저 나 역시 한계를 지닌 사람이라는 사실을 잊지 말아야 한다. 만약 당신이 과거에 상처를 받은 경험이 있다면, 무엇을 더 해낼 수 있는지를 생각하기 전에 그 아픔이 아직 나에게 어떤 자리에 놓여 있는지부터 살펴볼 필요가 있다. 그리고 그 자리에 오래 머무르기보다 아주 조금이라도 회복을 향해 발걸음을 옮기는 편이 낫다. 당신에게 상처를 준 사람은 그 일을 부끄러워하지도, 뉘우치거나 반성하지도 않는 경우가 많다. 반면, 당신을 진심으로 품으려는 사람이 그 상처를 대신 떠안을 수 있다. 이처럼 누군가가 당신을 위해 마음 아파해 줄 때, 그 사람을 다치게 만들 수 있기 때문이다.

만약 다시 좋은 관계를 시작하고 싶다면, 먼저 마음속에서 손톱을 세우고 싶은 충동을 견뎌낼 필요가 있다. 그렇다고 완전히 수동적인 태도로 머물러서도, 자신을 영원한 피해자의 자리에 두어서도 곤란하다. 누군가가 나를 고쳐주기를 기다리는 방식 역시 현실적이지 않다. 그런 사람을 만나지 못할 수도 있고, 설령 만난다 해도 그가 당신의 상처를 감당할 힘이 없어 물러설 가능성도 있기 때문이다.

사람은 누구나 상처를 받는다. 다만 그 깊이와 모습이 서로 다를 뿐이다. 그럼에도 한 번의 상처를 지나 다시 아름다운 관계를 바란다면, 결국 필요한 것은 자신을 회복하려는 마음과 노력이다. 그것은 누군가 대신해 줄 수 없는 온전히 자신의 선택에 달린 일이다.

사랑에는
조건이 있다

'사랑에 조건이 있다'는 말을 곧바로 받아들이기는 어렵다. 그 말은 마치 내가 충분하지 않아서, 더 잘해야만 사랑받을 수 있다는 뜻처럼 들리기 때문이다. 그래서 우리는 누군가의 마음이 변할 수 있다는 가능성, 나를 사랑하던 사람이 다른 선택을 할 수도 있다는 사실을 애써 외면한다. 그러나 마음을 다치지 않으려 눈을 돌린다고 해서 현실이 사라지지는 않는다. 사랑이 언제나 같은 자리에 머무르지 않는다는 점, 그리고 그 변화가 반드시 누군가의 잘못만으로 설명되지는 않는다는 점을 인정하는 일은 아프지만 피할 수 없는 과정이다.

남녀의 사랑은 처음부터 정해진 답을 따라가는 일이 아니다. 이 사람 아니면 안 된다는 필연이 있어서 만나는 것도 아니다. 우리는 다만 어떤 시점에 누군가를 먼저 만나고, 그 위에 시간과 경험, 감정이 차곡차곡 쌓였을 뿐이다. 그렇게 만들어진 관계는 한동안 같은 모습을 유지하기도 하지만, 시간의 흐름 앞에서는 자연스럽게 변한다. 사랑 역시 그 변화에서 벗어날 수 없다.

한 젊은 여성이 이런 이야기를 한 적이 있다. 일이나 사회적 관계에서는 비교적 이성적으로 행동하는데, 연애를 할 때만은 마치 다른 사람이 된 것처럼 감정이 앞서고 마음이 조급해진다는 것이다. 상대에게 쉽게 양보하지 못하고, 때로는 몰아붙이게 되며, 그것이 옳지 않다는 사실을 알면서도 막상 그 순간이 오면 스스로를 제어하지 못해 더 괴로워진다고 했다. 그래서 무엇을 어떻게 바꿔야 할지조차 알 수 없다는 말이 뒤따랐다.

이런 상황은 생각보다 흔하다. 과거의 친밀한 관계에서 충분한 안전감을 누리지 못한 사람일수록, 누군가와 가까워질수록 같은 질문을 반복하게 된다. 혹시 내가 부담이 되지는 않는지, 어느 순간 멀어지지는 않을지, 마음이 식어 버리지는 않을지 자꾸만 확인하고 싶어지는 것이다.

첫째, 상대의 선택과 판단에서 나는 가장 앞자리에 놓여 있는가.

둘째, 어떤 상황이 와도 그는 나를 떠나지 않을 것인가.

심리학적으로 볼 때, 이러한 확인 욕구의 근저에는 성장 과정에서 누군가에게 진심으로 사랑받고 있다는 감정을 충분히 경험하지 못한 기억이 자리하고 있을 수 있다. 여기서 말하는 '누군가'는 대개 부모를 가리킨다. 돌이켜 보면 우리가 받아온 교육에는 유독 아쉬운 지점이 하나 있다. 모든 부모는 위대하고 헌신적이며, 자식을 사랑하지 않는 부모는 없다는 믿음이다. 그러나 현실은 그렇게 단순하지 않다. 만약 그것이 사실이라면, '가정으로부터의 상처'라는 주제가 오늘날까지 반복해서 이야기될 이유도 없었을 것이다.

이런 메시지 속에서 자란 아이들은 혼란을 겪는다.

'부모는 분명 세상에서 나를 가장 사랑해야 할 사람들일 텐데, 그들마저 나를 사랑하지 않는다면 과연 누가 나를 사랑해 줄 수 있을까. 그렇다면 나는 몹시 불쌍한 사람일지도 모르고, 어쩌면 실패한 존재일지도 모른다.'

한 사람이 갖는 가장 원초적인 안전감은 대개 유년기의 부모와 자식 관계 속에서 형성된다. 그러나 현실을 돌아보면, 특히 나이가 든 부모들 가운데에는 사랑하는 마음은 분명하지만 그것을 표현하는 데 서툰 경우가 적지 않다.

긍정적인 부모 자식 관계는 아이의 성장에 분명 힘이 된다. 자신감과 낙관을 길러주고, 좌절을 겪더라도 삶을 지나치게 두려워하지 않게 한다. 설령 아래로 떨어지는 순간이 오더라도 부모가 자신을 지탱해 줄 것이라는 믿음을 갖게 한다.

그러나 많은 사람은 성장 과정에서 이러한 지지와 보호를 충분히 경험하지 못했거나, 경험했다 하더라도 매우 제한적인 형태였을 수 있다. 부모의 기대에 미치지 못할 때 직접적인 질책을 받거나, 사소한 일에도 이유를 알 수 없는 지적을 받으며 자라기도 한다. 때로는 그 무심함이나 냉담함이 더 오래 마음에 남는다. 그 과정에서 마음 한편에는 이런 생각이 든다.

"이 세상에 나를 있는 그대로 사랑해 줄 사람은 과연 있을까?"

우리는 이처럼 있는 그대로 사랑해 주는 사람이 곁에 있기를 바란다. 만약 지금 당신이 바로 그런 존재를 간절히 원하고 있다면, 그 기대가 얼마나 슬픈 것인지도 이미 알고 있을 것이다. 쉽게 믿지 못하면서도 기대하고, 결핍이 클수록 그 마음은 더 절실해진다. 그래서 성인이 된 뒤에도 우리는 가까운 관계 안에서 그 사랑을 다시 얻고 싶어 한다. 상대의 마음을 확인받고, 나도 소중한 사람이라는 것을 계속해서 증명받고 싶어지는 것이다. 그러다 보니 그 바람이 앞서 관계를 서두르게 되는 것이다.

얻지 못한 것을 내려놓는 법

이성이 충분히 작동하지 않을 때 사람은 쉽게 예민해진다. 빠르게 결론을 내려야 할 것 같고, 어렵게 쌓아온 관계를 스스로 흔들어 놓기도 한다. 나는 상담을 요청했던 그녀에게 이렇게 말했다.

> "우리가 살아오며 얻은 것들 가운데 완벽했던 순간은 거의 없습니다. '완벽'이라는 말을 꺼내기조차 망설여졌던 시간도 적지 않았지요. 어쩌면 그것이 우리가 실제로 살아가는 삶의 모습일지도 모릅니다."

사랑에 조건과 전제가 필요하다는 사실을 받아들이는 일은 오히려 관계를 더 온전하게 만드는 데 도움이 되기도 한다. 당신의 부모가 의도적으로 당신을 사랑하지 않았던 것은 아니다. 이전 세대의 부모들에게는 애초에 '사랑'이라는 개념 자체가 지금처럼 분명하지 않았기 때문이다. 아이를 건강하게 키우고 공부시키며, 성인이 된 뒤 무난한 삶을 살게 하는 것, 그것이 그들에게는 사랑과 다름없는 의미였을지 모른다. 누구도 그들에게 사랑이 무엇인지, 또 어떻게 표현하는 것이 적절한지 가르쳐 주지 않았기 때문이다.

부모의 사랑은 언제나 한결같지 않다. 상황에 따라 달라지기도 하고, 편파적이기도 하며, 때로는 존중이라는 개념조차 자리 잡지 못한 경우도 있다. 한 걸음 물러서서 바라보면, 어떤 부모는 자신의 자녀를 충분히 사랑하지 못했거나, 심지어 잘 대해 주는 일조차 해내지 못했음을 인정해야 할지도 모른다.

만약 불행히도 당신에게 그런 부모가 있었다면, 그 사실은 분명 크게 슬퍼해도 될 일이다. 그렇다면 한바탕 슬퍼하고 난 뒤에는 어떻게 해야 할까. 얻을 수 없는 것들을 붙잡은 채 자신을 소모하기보다 마음에서 그것들을 천천히 내려놓는 법을 배워야 한다.

당신이 끝내 얻지 못한 것, 채워지지 않은 것들을 있는 그대로 인정하고, 그것들을 조심스럽게 한쪽에 내려놓아야 한다. 그리고 나 자신의 삶을 다시 시작해야 한다. 떼어 놓는다는 것은 과거의 상처가 더 이상 나의 현재를 지배하지 못하게 하는 일이다. 어린 시절의 자신을 안아주며 이렇게 말해 주자.

"괜찮아. 너는 이미 자라 어른이 되었어. 이제는 너 자신을 믿고, 인생의 새로운 막을 열어도 돼!"

앞으로의 인생에서는 앞날을 돌아볼 여유도 없이 눈앞의 일에만 매달려 무리한 선택을 하거나 애초에 불가능한 것을 붙잡고 버티는 사람이 되지 않으려 한다. 대신 나를 지킬 줄 아는 더욱 건강한 사람이 되고자 한다.

사랑에는 조건이 있고, 각자가 감당할 수 있는 범위도 있다. 무엇이든 해낼 수 있는 사람은 없다. 내가 감당하지 못하는 일이라면 상대 역시 해내기 어렵다. 이 사실을 받아들이는 태도는 관계를 망치는 것이 아니라 오히려 관계를 오래 지키는 힘이 된다.

누군가에게서 '특별함'이나 '대단함'을 끈질기게 증명받으려 하거나, 상대에게 끝없는 헌신을 요구하지도 말자. 그런 기대는 결국 서로를 지치게 하고 다치게 만든다. 관계는 시험이 아니라 함께 살아가는 일이다. 어른답게, 충분히 가까이 지내되 서로를 더 깊이 이해하려는 방향으로 이어져야 한다.

한 사람이 진지하게 자신을 바꾸고자 한다면 자신의 부족함에서 생겨난 걸림돌을 넘어서거나, 최소한 그것이 삶에 미치는 영향을 줄이려는 노력이 필요하다. 우리가 어떤 순간에는 비교적 성숙해 보일 수 있는 이유는 인생이 늘 공정하지도 않고 뜻대로 흘러가지도 않는다는 사실을 이미 받아들이고 있기 때문이다.

그런데 유독 친밀한 관계 안에 들어가면 우리는 이 원칙을 잊어버리곤 한다. 이해받고 싶다는 마음이 앞서고, 현실보다 기대가 커진다. 하지만 한 번쯤은 자신에게 물어봐야 한다. 과연 그런 태도가 합리적인 선택인지, 그리고 나와 상대 모두에게 도움이 되는지….

과거에 어떤 일이 있었든, 마음에 어떤 아쉬움이 남아 있든, 우리는 모두 더 나은 인생을 살아갈 자격이 있다. 다만 그러기 위해서는 먼저 과거의 상처를 억지로 없애려 하기보다 조심스럽게 받아들이는 법을 배우자. 외면한 채 끌어안고 있으면, 그 상처는 시간이 지나도 저절로 사라지지 않는다. 이 과정이 언제나 '완벽하게' 마무리되지는 않을지도 모른다.

당신 자신을 믿어도 된다. 사람은 한 번으로 끝나지 않는다. 다시 성장할 수 있고, 다시 시작할 수 있는 힘을 누구나 가지고 있다.

연애를 대하는
현실적인 시선

___________ '내 사람'이라는 기대의 함정

주변에 한 커플이 크게 다투다 못해 결국 서로를 '고발'하듯 내게 찾아온 적이 있다. 두 사람의 이야기를 차분히 들어 보니 막상 문제는 그리 크지 않았다. 대부분은 일상에서 흔히 벌어질 수 있는 사소한 일들이었다. 다만 갈등의 핵심은 늘 같았다. '닭이 먼저냐 알이 먼저냐'처럼 두 사람 모두 문제의 시작이 상대방 탓이라고 여겼다. 자신의 작은 잘못은 인정하면서도 그것마저 상대의 행동이 불러온 결과라는 것이다.

나는 그들을 달래며 이야기를 듣다가 이런 생각이 들었다.

'젊은 시절의 사랑이란 원래 이런 모습이 아닐까?'

아마 많은 사람이 한 번쯤은 겪어 봤을 장면일 것이다. 어리석은 말을 반복하고, 사소한 일로 자주 다투며, 설명하려 하면 할수록 오해가 쌓이는 시기. 좋은 의도로 시작했는데도 대화는 늘 논쟁으로 흘러가고 좀처럼 끝이 보이지 않는 시간 말이다.

가슴에 손을 얹고 자신에게 물어보자. 지금 다시 연애를 한다면, 정말로 마음이 평온한 상태로 상대를 오해하지 않고, 어떤 '전투'도 시작하지 않을 수 있을까? 솔직히 말해 쉽지 않을 것 같다. 그렇다면 우리는 왜 좋아하는 사람 앞에서 유독 이렇게 흔들릴까. 내가 제멋대로여서일까.

답은 오히려 그 반대다. 우리는 일상적인 인간관계에서는 이런 생각까지는 잘 하지 않는다.

'왜 이 사람은 내가 한 일을 소중하게 여기지 않을까?'

그 이유는 비교적 분명하다. 내가 내어준 것이 그 관계 안에서는 특별한 무엇이 아니라는 사실을 스스로 알고 있기 때문이다. 그것은 기껏해야 호의나 선의 정도라는 것을. 하지만 친밀한 관계에서는 상황이 달라진다. 같은 마음이라도 그 무게가 훨씬 크게 느껴진다. 기대가 실리기 때문이다. 마치 자신은 가진 것을 모두 꺼내 건넸다고 느끼는데, 상대의 반응이 생각만큼 크지 않을 때와 비슷하다. 크게 놀라지도, 특별히 기뻐하지도 않는 것처럼 보일 때 마음이 상하는 것이다.

어쩔 수 없는 일이다. 연애를 하는 사람이라면 누구나 이만큼은 예민해질 수밖에 없다. 문제는 이 '예민함'이 서로를 이해하는 방향으로 흘러가지 않는다는 데 있다.

　그렇다면 함께 좋은 쪽으로 나아간다는 것은 무엇일까. 어떤 관계에서든 서로에게 긍정적인 자극을 주고받으며 협력해 함께 나아가는 모습은 크게 다르지 않다. 비즈니스 관계에서는 많은 사람이 이런 원리를 비교적 쉽게 이해하고 받아들인다. 서로에게 도움이 되어야 관계가 지속된다는 사실을 잘 알기 때문이다.

　하지만 친밀한 관계에 들어서면 우리는 이 단순한 원칙을 잊어버린다. 오히려 허둥대거나 때로는 그와 정반대의 행동을 하기도 한다. 그 이유는 친밀한 관계일수록 상대에게 거는 기대가 커지기 때문이다. 나의 장점뿐 아니라 단점까지 나아가 '나'라는 사람 자체를 아무 조건 없이 받아주기를 바란다. '내 사람'이니 이제는 모든 걸 내려놓아도 된다고 믿게 된다. 그래서 우리는 사랑 앞에서는 더 이상 자신을 숨기거나 조심하지 않아도 된다고 말하곤 한다.

　그러나 자신을 돌아보고 고쳐 나가는 일은 특정한 관계에서만 필요한 것이 아니다. 그것은 누구에게나 평생에 걸쳐 이어지는 과제다.

　친밀한 관계가 새로운 단점을 만들어 낸 것은 아니다. 늘 존재해 왔던 단점이 일반적인 인간관계에서는 드러날 기회가 없었을 뿐이다. 다만 가까운 관계 안으로 들어오면서 더 이상 숨길 수 없게 되었고 그제야 모습을 드러낸 것이다. 그래서 우리는 감정에 기대어 "날 사랑한다면 이것까지 다 받아들여야 해."라고 말하기보다 다른 어려운 문제를 마주했을 때처럼 차분하게 해결 방법을 고민할 필요가 있다. 사랑은 모든 것을 덮어주는 주문이 아니라 함께 풀어가야 할 문제를 더 또렷하게 드러내는 관계이기 때문이다.

상대가 사랑으로 나를 포용하든, 그렇지 못하든, 사람이라면 누구나 자신의 성장과 감정 조절, 그리고 변화에 대해 평생 책임을 져야 한다. 이것은 상대에게 내미는 시험지가 아니라 우리가 자기에게 던져야 할 질문이다. 같은 이유로 우리는 이런 감정까지 감당할 수 있는지 상대를 시험하려 들어서도 안 된다.

사람들에게 연애를 많이 해 보라고 말하는 이유도 여기에 있다. 연애를 통해서 우리는 자신의 가장 깊은 곳에 숨어 있던 모습을 마주하게 된다. 평소에는 드러나지 않던 문제와 어두움이 관계 안에서 자연스럽게 모습을 드러내기 때문이다. 동시에 미처 알지 못했던 자신의 빛나는 면 역시 분명해진다. 연애는 상대를 알아가는 과정이면서 동시에 자신을 다시 인식하게 만드는 계기가 된다.

연애를 시작하면 우리는 유독 더 민감해진다. 그래서 평소보다 쉽게 상처받고, 사소한 일에도 금세 마음이 흔들린다. 하지만 바로 이 시기야말로 내가 무엇에 예민하게 반응하는 사람인지 또렷이 알 수 있다. 그 민감함을 외면하지 않고 그대로 바라보는 것, 어둠 속에 숨겨 두지 않고 끌어내어 차분히 다루는 것. 감정에 휩쓸리기보다 이해하고 조절하며, 조금씩 긍정적인 믿음과 안전감으로 바꿔가는 과정, 그것이야말로 친밀한

사랑은 타인이 아니라 자신을 다루는 일

함께하던 사람이 어느 날 곁을 떠나는 일은 생각보다 흔하다. 그 사람이 나에게 따뜻했는지, 아니면 기대에 못 미쳤는지는 시간이 지나면 조금씩 흐려진다. 남는 것은 결국 한 가지다. 이후에도 내 삶을 좋은 방향으로 이끌어 가려는 마음을 잃지 않는 일이다. 그것이 사랑을 경험한 사람이 남길 수 있는 가장 중요한 흔적이기 때문이다.

서로를 깊이 사랑하는 관계는 분명 흔치 않은 행운이다. 좋은 사랑은 계산하지 않고 사람을 사랑할 수 있는 마음을 우리 안에 남긴다. 그 마음을 쉽게 잃지 않고, 조금씩 더 단단하게 키워 가는 것. 그렇게 자란 단단함은 삶의 한 부분이 되어 오래도록 당신을 지탱해 줄 것이다.

우리가 흔히 접하는 연애 기술은 대개 상대를 설득하거나, 마음을 끌어당기거나, 결국에는 자신이 원하는 방향으로 움직이게 하는 방법을 이야기한다. 하지만 이런 접근은 사랑의 본질과는 거리가 있다. 사랑의 목적은 누군가를 통제하거나 관계 속에서 우위를 차지하는 데 있지 않다. 사랑은 오히려 나 자신을 다듬는 일에 가깝다. 가장 가까운 관계 안에서 내 모습을 마주하고, 부족한 부분을 알아차리며, 조금씩 고쳐 나가는 과정이다.

많은 사람은 사랑이나 친밀한 관계를 '시작하는 일'에는 마음을 쏟지만, 정작 그것을 오래 지켜내는 일에는 깊이 생각하지 않는다. 대신 "남자는 다 그렇지.", "여자는 원래 그래." 같은 말로 상황을 간단히 정리해 버린다. 하지만 사람은 저마다 다르고, 같은 방식으로 행동하지도 않는다. 이런 문제는 가볍게 넘길 일이 아니라 차분히 들여다볼 필요가 있다. 이런 태도는 연애 초반의 열정적인 시기에만 필요한 것이 아니다. 관계를 맺고 살아가는 삶에서 오래도록 지켜야 할 자세다.

안정적인 친밀한 관계를 형성했다고 해서 더 이상의 변화가 필요 없어지는 것은 아니다. 우리는 여전히 외부의 자극에 예기치 않게 부정적으로 반응할 수 있다. 그런 반응을 알아차렸을 때 중요한 것은 자신을 몰아붙이는 일이 아니라 스스로 위로하고 조절하며 같은 반응이 되풀이되지 않도록 살피는 태도다.

우리 사회는 오랫동안 삼강오륜과 같은 도덕을 중요하게 여겨 왔지만, 관계 안에서 오가는 실제적인 소통의 중요성은 충분히 돌아보지 못했다. 부부 사이든, 부모와 자식 사이든, 가까운 관계일수록 감정 표현은 일방적이거나 세심하지 못한 경우가 많다. 더 나아가 가족 관계를 들여다보고 이야기하는 일 자체를 괜히 부끄럽거나 의미 없는 일로 여기며, 때로는 불편함이나 수치심으로 받아들이기도 한다.

이러한 이유로 우리는 친밀한 관계 안에서 기대만큼의 위로를 경험하지 못하는 경우가 많다. 평소에는 제대로 돌보지 않으면서 힘들어질 때는 그 관계가 따뜻한 위로가 되어 주길 바라는 건 아닌지 돌아보게 된다. 나무를 키운다고 생각해 보자. 물도 주지 않고 햇빛도 살피지 않다가 지칠 때마다 달콤한 열매가 맺기를 기대한다면 그것이 가능할까.

최근 이혼율이 계속 높아지는 현상은 많은 부부와 가정이 같은 공간에 있으면서도 서로를 이해하기보다 참고, 피하고, 버티는 데 익숙해져 왔다는 사실을 보여준다. 그러다 더는 피할 수도, 견딜 수도 없는 순간에 이르면 그 관계는 무너진다. 사실 그 과정에는 수없이 많은 돌아볼 기회가 있었다. 그 시간 동안 나는 이 관계를 제대로 바라보고 있었는지, 친밀함을 지켜가는 법을 성실히 배우려 했는지, 그리고 그 관계 안에서 나 자신에게 어떤 기준과 기대를 두고 있었는지 돌아보지 않았다.

이러한 근본적인 문제들이 해결되지 않는 한 다른 사람과 새로운 관계를 시작하더라도 크게 달라지기는 어렵다. 결국 다음 관계에서도 비슷한 결핍을 반복해서 느끼게 될 가능성이 크다.

내가 사람들에게 "연애는 정당한 것이며, 매우 엄숙한 학문이다."라고 말하면, 많은 이가 농담처럼 받아들이거나 고개를 갸웃한다. 그러나 연애와 친밀한 관계가 결국 나 자신을 알아가는 과정이라는 점을 떠올려 보면, 이 말은 결코 과장이 아니다. 우리는 관계 속에서 비로소 자신의 성격과 반응, 그리고 한계를 마주하게 된다. 그리고 이러한 자기 인식은 한 번의 깨달음으로 끝나는 일이 아니라 삶이 이어지는 동안 반복해서 요구되는 것이다.

사랑은
이해하려는 방향으로 자란다

십여 년 전, 나는 첫 남자 친구와 연애를 하고 있었다. 젊은 연인들 사이에서는 다소 어리숙한 질문들이 자연스럽게 오가곤 하는데, 어느 날 우리는 문득 '사랑이란 무엇인가'에 대해 이야기를 나누게 되었다. 그때 내가 내놓은 대답은 이러했다.

"사랑은 너보다 더 좋은 사람이 나타나도, 지금의 마음을 지키는 거야."

그 말은 당시의 나로서는 나름의 확신이 담긴 답이었다. 그리고 시간이 흘러 지금에 이르러 그 말을 다시 떠올려 보면, 나는 이렇게 말하고 싶어진다.

"사랑은 이해하는 것이다."

이해심은 상대를 있는 그대로 받아들이게 한다. 기대만큼 잘하지 못하는 순간이 있다는 것도, 함께 지내며 불편하게 느껴지는 단점이 있다는 사실도 함께 끌어안는다. 그리고 상대를 평가하거나 재단하지 않고, 한 사람으로 바라보게 한다. 이해는 상대를 압박하거나 비난하고, 상처 주는 말로 몰아붙이지 않는다. '너는 부족하다'거나 '너는 나와 맞지 않는다'는 판단을 정당화하는 근거로도 쓰이지 않는다. 결국 사랑이란 이 지점까지 닿아야 제 모습을 갖추게 된다.

인터넷을 보다 보면 결혼 전과 후, 그리고 나이가 들면서 달라진 관계에 대한 불만을 담은 글을 접할 때가 있다. 나이가 들면 몸은 자연스럽게 변한다. 체중이 늘고 뱃살이 생기며 탈모도 나타난다. 성 기능은 예전 같지 않고, 피부는 거칠어지고 눈빛도 흐려진다. 변화는 몸에만 생기지 않는다. 한때는 정성을 들여 꾸미고, 낭만적인 마음을 표현하며, 인내심을 가지고 상대를 배려했던 태도 역시 점점 소홀해진다. 노력하지 않아도 괜찮다는 생각이 들기 때문이다.

스무 살의 남자는 마흔 살의 남자만큼 경제적 여유를 갖기 어렵다. 반대로 마흔 살의 남자는 스무 살의 남자만큼 신체적 활력을 기대하기 어렵다. 스무 살의 여성은 마흔 살의 여성만큼 너그럽거나 성숙하지 않을 수 있고, 마흔 살의 여성은 스무 살의 여성만큼 아름다움과 낭만을 갖기 어렵다. 스무 살의 남자에게 마흔 살의 경제력을 요구할 수 없듯이 마흔 살의 여성에게 소녀의 감성을 요구하는 일 역시 무리다.

하지만 우리는 자주 말하지 않은 기대를 품는다. 스스로 기준을 세우고 비교하기 시작하며 비교 끝에 실망하고, 그 실망의 원인을 상대가 나를 충분히 만족시키지 못했기 때문이라고 돌린다. 그렇게 관계는 서서히 흠을 찾고, 미워하고, 원망하는 방향으로 기울어 간다. 만약 누군가를 눌러서 그 위에 서려는 태도는 실제로 더 뛰어나서라기보다 마음속에 쌓인 불안이나 불만이 밖으로 드러난 모습일 때가 많다.

사람마다 처한 상황은 다르고, 남녀가 맡는 역할과 책임 역시 서로 다르다. 하지만 우리는 쉽게 '나만 유난히 힘들다'고 느끼고, 다른 사람들은 별다른 노력 없이 모든 것을 얻고 있다고 생각하곤 한다.

이런 생각이 계속 쌓이면 상대를 이해하기는 점점 어려워지고 관계는 서서히 멀어지게 된다. 그렇게 쌓인 편견은 결국 분노로 바뀌어 상대에게 향한다. 이런 모습은 부부 사이뿐 아니라 부모와 자식 관계, 일상의 여러 관계에서도 어렵지 않게 볼 수 있다.

같은 말을 반복해서 강조하고 호소한다고 해서 상대가 공감해 주는 것은 아니다. 오히려 싫증이나 죄책감만 남기기 쉽다. 그리고 그 죄책감을 통해 자신이 더 옳은 위치에 서 있다고 느끼려는 태도는 관계를 더 어긋나게 만든다. 그런 관계는 건강하다고 말하기 어렵다.

─────────── 건강한 사랑이 허락하는 것들

좋은 관계는 상대를 압박하거나 작은 흠을 잡아 자신의 우월함을 확인하는 방식에서 만들어지지 않는다. 관계는 상대를 있는 그대로 인정하고, 가능하다면 더 나은 방향으로 이끌며, 필요할 때는 곁에서 격려하는 과정에서 성장한다.

사람이라면 누구나 저마다 안고 있는 문제가 있다. 누군가를 받아들인다는 것은 나에게 유리한 부분만 취하겠다는 뜻이 아니라, 그 사람이 지닌 '어려움'까지 함께 감당하겠다는 결단이 있어야 한다.

하지만 현실에서는 상대를 압박하고 정신적으로 흔들어 자신의 문제까지 모두 떠넘기는 경우도 적지 않다. '무슨 일이 있어도 네가 감당해야 한다'거나 '너는 나와 어울리지 않는다'는 식의 관계는 대체로 사회적으로 더 유리한 쪽과 그렇지 않은 쪽 사이에서 자주 나타난다. 한쪽이 관계 밖으로 밀려날 가능성이 커질수록 다른 한쪽은 점점 더 고립된 상태에 놓이게 된다. 그리고 이런 상황에서는 성숙하지 못한 사람일수록 상대가 쉽게 떠날 수 없다고 여기며 자신의 말과 행동을 점검하지 않게 된다.

어떤 사람들은 마음속으로 이렇게 생각한다.

"지금은 내 조건이 좋지 않으니까, 네 흠을 굳이 문제 삼지 않는 거야.”

이 생각은 관계의 초반에는 크게 드러나지 않는다. 오히려 이해심처럼 보일 수도 있다. 하지만 그 안에는 위험한 전제가 숨어 있다. 자신의 조건이 나아지는 순간 관계의 분위기가 달라지기 때문이다. 그때부터 관계는 조금씩 균열을 보이기 시작한다. 이해는 사라지고 비교와 통제가 그 자리를 대신한다. 그렇게 관계는 서서히 멀어진다. 옛 성현은 이런 태도를 경계하며 이렇게 말했다.

“부가 마음을 어지럽힐 수 없고, 가난이 지조를 꺾을 수 없으며, 무력은 뜻을 굴복시킬 수 없다.”

이 말은 조건이 달라져도 태도가 흔들리지 않는 것이야말로 성숙함이라는 뜻이다. 다시 말해 상황이 나에게 불리하더라도 자신의 자세를 바꾸지 않겠다는 의미다. 만약 유리할 때는 침묵하다가 불리한 조건이 사라지자 태도를 바꾼다면, 그 사람의 성품을 어떻게 보아야 할까.

어떤 부부는 힘들 때는 함께 버티지만, 형편이 좋아지면 멀어지기도 한다. 반대로 잘살 때는 함께하지만, 끝까지 함께하지는 못하는 경우도 있다. 이는 관계를 지켜주는 힘이 상황에 있지 않기 때문이다. 관계를 지탱하는 것은 돈이나 조건이 아니라 결국 그 사람의 태도와 성품이다. 그것이 없으면 관계는 어느 순간 자연스럽게 흔들리게 된다.

건강한 사랑이란 그 사람 안에 있는 복잡함과 불안정한 면까지도 이해하고, 그런 모습 그대로의 존재를 받아들이는 일이다. 완벽하지 않아도 밀어내지 않고 곁에 두는 마음이다. 그 바탕 위에서 우리는 상대에게 좋은 것을 기꺼이 내어주고 싶어하고, 그가 느끼는 행복과 안전을 함께 기뻐할 수 있게 된다.

반면, 늘 서로의 어두운 면을 들춰내며 누가 더 도덕적으로 옳은지, 누가 상대를 더 통제할 수 있는지를 겨룬다면 그 관계는 이미 이어갈 힘을 잃은 상태다. 그런 관계라면 억지로 오래 붙들기보다 서로를 놓아주는 편이 오히려 덜 상처가 될 수도 있다. 사랑은 결국 이해하는 일이다.

행복은
절대 쉽게 얻을 수 없다

인생은 결국 혼자 감당하는 몫이다

만약 행복해지는 법을 가르치는 수업이 있다면, 무엇을 가르칠 수 있을까? 나는 선뜻 답이 떠오르지 않는다. 우리는 흔히 '행복해지자'라는 말을 입에 올리지만, 각자에게 정말로 행복한지, 자신의 행복감이 높아졌는지를 묻는다면 대답은 대개 '그저 그렇다'에 머물 것이다.

한번은 홍보 활동을 하며 애정에 대한 이야기를 나누던 중, 한 여성 독자로부터 지금까지 결혼하지 않은 것을 후회하지 않느냐는 질문을 받았다. 나는 곧바로 답하지 않았다. 대신 그 질문을 잠시 돌려 이렇게 되물었다.

"완전한 삶이나 행복을 어떻게 정의하시나요?"

결혼 여부나 결혼의 시점만으로 삶의 완성도를 말할 수 있을까. 결혼을 했어도 관계가 무너져 있다면, 그것을 온전한 삶이라 부르기는 어렵다. 일찍 결혼했지만 결국 이별로 끝났다면, 그 선택이 곧 행복이었다고 말할 수 없다. 또 평생을 함께 살았다고 해도, 그 시간이 사랑이 아니라 인내의 연속이었다면 그것을 행복이라 부르기 어렵다.

우리는 '행복'이나 '완전함'이라는 말을 쉽게 사용하곤 한다. 그 결과 이 단어들은 깊은 성찰의 대상이기보다 일상에서 무심히 꺼내 쓰는 말이 되어 버렸다. 그러나 삶을 조금만 더 들여다보면, 진정한 행복과 완전함에 이르기까지는 생각보다 많은 조건과 질문이 필요하다는 사실을 알게 된다.

그래서 행복한 삶이나 완전한 인생은 쉽게 주어지지 않는다. 누군가 곁에 있다는 사실, 함께 밥을 먹고 같은 공간에 산다는 이유만으로 우리는 삶을 성급히 행복하다고 단정할 수 없다. 행복은 관계의 형식이 아니라, 그 안에서 어떤 태도로 살아왔는지에 더 가까이 놓여 있기 때문이다.

얼마 전 어머니는 내게 다시 한번 결혼할 사람을 찾아보라고 말했다. 그러면서 이런 말을 덧붙였다.

"인생의 끝에는 함께해 줄 사람이 필요해. 우리는 이제 나이가 들어서 너와 계속 함께해 줄 수 없잖니."

잠시 생각해 보면 많은 사람이 부모에게서 한 번쯤은 비슷한 말을 들어봤을 것이다. 하지만 실제 삶은 조금 다르다. 나만 해도 어린 시절을 조부모님의 손에서 자랐고, 부모님은 다른 지역에서 장사를 하셨다. 지금까지 부모와 함께 산 시간을 모두 합쳐도 1~2년이 채 되지 않는다. 어릴 때는 1년에 보름 남짓 얼굴을 보았고, 자라서도 크게 달라지지 않았다.

그러니 '이제는 함께해 줄 수 없다'는 말은 어쩌면 이미 오래전에 각자의 삶을 살아왔다는 사실을 다시 확인하는 말이다. 우리는 처음부터 늘 함께했던 사이가 아니라 각자의 시간과 거리를 안고 살아왔다.

설령 부모 곁에서 자랐다고 해도 대학을 졸업한 뒤에는 대부분 부모를 떠나 혼자 살아가게 된다. 그때부터 우리는 삶을 혼자 마주하고, 문제도 스스로 해결한다. 기쁨도 슬픔도 혼자 감당하고, 들뜨기도 하고 가라앉기도 하며 하루하루를 지나온다. 미래를 계획하는 일도, 삶을 정리하는 일도 결국은 혼자의 몫이다. 그렇게 각자는 자신의 빈자리를 스스로 채워가며 살아간다.

이 시기에는 '함께하는 사람'이 개입할 수 있는 영역이 그리 많지 않다. 곁에 그런 사람이 있다면 분명 운이 좋은 경우일 것이다. 하지만 현실에서는 그렇지 않은 경우가 더 많다. 인생은 각자의 것이고, 각자가 감당해야 할 몫이기 때문이다. 그래서 우리는 가능하다면 타인에게 부담을 주지 않으려 하고, 좋은 일이든 나쁜 일이든 지나치게 나누지 않으려 한다.

이렇게 생각해 보면, 삶에서 누군가가 끝까지 함께해 준다고 말할 수 있는 순간은 생각보다 많지 않다. 설령 곁에 사람이 있다 해도, 그것은 삶의 일부일 뿐이다. 누군가가 대신 방향을 정해 주거나, 인생의 선택을 대신 책임져 주지는 않는다. 함께 있는 시간은 덧붙여지는 시간이 될 수는 있어도, 삶 전체를 대신 살아주지는 않는다.

그런데도 많은 사람은 결혼이라는 제도 안에서 '동행자'에 대한 기대를 키운다. 결혼만 하면 누군가가 늘 곁에 머물며 모든 문제를 함께 나누고, 어려운 순간마다 자신을 지켜줄 것이라고 믿는다. 그 상상은 따뜻하지만, 현실과는 다소 거리가 있다.

혼자인 사람들이 결혼에 대해 조심스러워지는 이유도 여기에 있다. 누군가가 자신의 삶을 대신 완성해 줄 것이라는 기대를 쉽게 믿지 않기 때문이다. 행복에 대한 결정권은 결국 당사자에게 있다. 행복은 타인이 대신 만들어 주는 것이 아니라, 스스로 받아들이고 선택해야 하는 것이기 때문이다. 내가 원하지 않는 삶은 곁에 누가 있든 쉽게 행복해지지 않는다.

타인의 행복을 대신 염려하는 일은 실체 없는 것을 붙잡으려는 시도와 닮았다. 행복을 느끼는 기준은 사람마다 다르기 때문이다. 누군가의 배우자 선택이 나의 기준이나 다수의 선택과 다르다고 해서 그가 행복을 모르는 사람이라고 말할 수는 없다. 혼자 사는 삶을 택했고 그 안에서 만족을 느낀다면 그것 역시 그 나름의 행복일 수 있다.

행복은 식탁에 숟가락 하나를 더 얹거나 손에 반지 하나를 끼운다고 해결되는 문제가 아니다. 그것은 전적으로 당사자가 느끼는 감정에 달려 있다. 그래서 우리는 타인의 행복을 두고 훈계하거나 평가할 수 없고, 그 감정이 옳은지 그른지를 판단할 권리도 갖고 있지 않다.

내가 생각하는 행복에는 자기 자신을 인정하는 태도가 포함되어 있다. 한 사람이 자기 자신을 받아들일 수 있을 때, 비로소 삶에서 만족을 느낄 수 있다. 그리고 자신을 인정하는 지점이 하나둘 늘어날수록 느끼는 행복 또한 자연스럽게 깊어진다.

많은 사람이 자신을 인정하지 못하는 이유는 자신이 다수와 다르다고 느끼기 때문이다. 우리는 오래도록 많은 사람이 선택한 길이 더 안전하고 바람직하다고 믿어왔다. 그러나 삶은 언제나 하나의 답만을 요구하지 않는다. 다름은 잘못이 아니라 각자가 걸어온 삶의 결과다. 이 사실을 받아들일 때 자신을 향한 의심은 옅어지고, 다른 삶의 방식에 대한 존중도 자연스럽게 자리를 잡는다.

행복은 하나의 방식으로만 찾아오지 않는다. 어떤 사람에게는 현실 속에서 느끼는 충만함이 행복이 되고, 또 다른 사람에게는 조용한 내면의 만족이 행복이 되기도 한다. 누군가에게는 잠시 혼자 보내는 점심시간이나 한 잔의 커피를 천천히 마시는 순간이 행복으로 다가오기도 한다.

이처럼 행복은 지극히 개인적인 경험이다. 그래서 그 모습에 옳고 그름을 따질 필요도 없고, 다른 사람의 삶을 향해 '이렇게 살아야 더 행복해질 수 있다'고 말할 이유도 없다. 각자가 느끼는 방식 그대로 그 사람의 행복은 이미 충분히 존중받아야 한다.

흔들리지 않는 삶을 위한 태도

Chapter 3

삶에서 많은 문제는 잘못된 선택 때문이라기보다 생각할 틈 없이 내린 결정에서 비롯된다. 우리는 종종 '옳아야 한다'는 기준에 자신을 가두고, 그 안에서 쉽게 지치고 소진된다.

이 장에서는 옳고 그름을 따지는 대신에 선택을 감당하는 태도에 대해 이야기한다. 모두에게 좋은 사람이 되려는 강박에서 한 걸음 물러나 나만의 기준을 세우고 타인의 평가와 거리를 두는 연습에 대해 살펴본다. 그런 태도가 어떻게 삶의 흔들림을 줄이고, 내면의 균형을 지켜주는지를 차분히 짚어볼 것이다.

잘못된 선택은 없다,
더 효율적인 선택이 있을 뿐이다

─────────── 지금이라는 시기가 가진 결정적 의미

많은 사람이 가장 견디기 힘들어하는 말은 아마도 "넌 틀렸어."라는 말일 것이다.

한때 내가 지도했던 여성 K가 있었다. 그녀는 일 처리에 요령이 부족했고, 같은 업무를 처리하는 데 다른 사람들보다 늘 두 배 가까운 시간이 걸렸다. 나는 몇 차례 그녀의 일을 지켜본 뒤 따로 불러 수년간 경험으로 쌓아온 업무 팁을 전해 주었다. 도움이 되길 바라는 마음에서였다. 하지만 예상과 달리 그 이후에도 그녀의 업무 효율은 크게 달라지지 않았다. 이유를 알아보니 그녀는 내가 알려준 방식을 거의 사용하지 않고 있었다. 조심스럽게 이유를 묻자, 돌아온 대답은 뜻밖에도 이러했다.

"선생님, 저는 제 방식과 선생님 방식이 다르지 않다고 생각해요.”

어떻게 두 방식이 같다고 느낄 수 있을까. 하나는 몇 시간이 걸리고, 다른 하나는 훨씬 짧은 시간 안에 끝낼 수 있는데도 말이다. 그런데 그녀에게 중요한 기준은 속도가 아니었다. 두 방법 모두 결국 일을 마쳤다는 그 점에서는 차이가 없다고 여긴 것이다. 시간이 더 들었을 뿐 결과는 같다고 판단한 셈이다.

이런 생각이 아주 낯설기만 한 것은 아니다. 젊은 시기에는 타인의 ‘경험’이라는 것이 쉽게 와닿지 않는다. 나는 나대로의 방식이 있고, 당신은 당신의 길을 살아왔을 뿐이라는 거리감이 자연스럽게 생긴다. 그래서 누군가의 경험이 꼭 나에게도 유효해야 할 이유를 쉽게 찾지 못한다. 특히 사회에 막 들어선 이들에게 시간은 아직 넉넉해 보이는 자원일 수 있다. 시간이 얼마나 무겁고, 다시는 되돌릴 수 없는 것인지는 대개 충분히 써 본 뒤에야 실감하게 된다. 경험의 가치는 그래서 언제나 조금 늦게 이해되곤 한다.

“아직 젊고, 시간도 있고, 체력도 충분한데요. 제 방식대로 해도 결국 해내지 않겠어요? 조금 더 오래 걸릴 뿐이죠.”

이 말은 얼핏 그럴듯하게 들린다. 하지만 정말로 젊은 사람들에게 그렇게 많은 시간이 주어져 있을까. 솔직히 말해 그 생각은 한 번쯤 다시 살펴볼 필요가 있다. 시간은 늘 넉넉하다고 느낄 때 가장 빠르게 지나가고, 그 가치를 실감하는 순간에는 이미 되돌릴 수 없기 때문이다.

졸업을 앞둔 시점을 떠올려 보자. 취업 준비는 졸업 직전에 갑자기 시작되는 일이 아니다. 대부분은 학교에 다니는 동안 이미 방향을 잡고, 더 이르면 전공을 선택할 때부터 이후의 진로를 함께 고민한다. 이 시기는 우연에 맡기기보다 계산과 판단이 자연스럽게 앞서는 시기다.

첫 직장은 단순한 '첫 경험'이 아니다. 그것은 이후 삶의 출발선이 된다. 선택한 회사나 플랫폼의 규모, 이름이 지닌 무게, 사회적 신뢰도는 연봉 이상의 의미가 있다. 그 출발점에 따라 다음 선택이 얼마나 수월해질지, 커리어가 어디까지 확장될 수 있을지가 크게 달라지기 때문이다.

신입 사원이 조직에 완전히 익숙해지기까지는 보통 1~2년이 걸린다. 하지만 상사나 팀이 한 사람을 바라보는 시간은 그보다 훨씬 짧다. 대개 입사 후 3~6개월, 길어도 수습 기간을 넘기지 않는다. 그래서 입사했다는 사실만으로 안심하기는 어렵다. 그 짧은 시간 동안 상사는 이 사람이 앞으로 함께 성장할 수 있는 사람인지, 시간을 들여 키울 만한 사람인지를 가늠한다. 말과 태도, 일을 대하는 자세, 그리고 시간을 쓰는 방식이 모두 판단의 기준이 된다.

같은 시기에 입사했어도 몇 해가 지나면 서로 다른 자리에 서게 되는 이유도 여기에 있다. 누군가는 더 큰 책임을 맡고 다음 단계로 나아가고, 누군가는 특별한 선택지 없이 같은 자리에 머문다. 그 차이는 타고난 재능보다도 어떤 출발선에서 시작했는지,

그리고 처음 주어진 시간을 어떻게 사용했는지에서 갈리는 경우가 많다.

만약 졸업을 앞두고 있다면, 지금의 구직 고민은 갑자기 생겨난 일이 아닐 것이다. 학교에 다니는 동안 이미 수많은 선택을 거쳐 왔고, 어쩌면 전공을 정할 때부터 마음속으로는 '조금이라도 덜 버거운 길'을 떠올려 왔을지도 모른다. 이 시기는 기대와 불안이 함께 찾아오는 때다. 우연에 맡기기보다 스스로 판단하고 계산해야 한다는 사실을 이미 알고 있기 때문이다.

그래서 첫 직장은 가볍게 선택할 수 없다. 그것은 단순히 첫 월급을 받는 자리가 아니라 사회 속에서 내가 처음 서게 될 위치라 할 수 있다. 회사의 규모나 이름, 사회적 신뢰도는 숫자로 환산되는 연봉을 넘어선 의미를 지닌다. 그곳에서 쌓는 경험이 이후 선택의 폭을 넓혀주기도 하고, 다음 단계로 나아갈 때 문을 쉽게 열어주기도 한다.

지금은 직업의 형태도 다양해졌고, 변화의 속도도 훨씬 빨라졌다. 한 회사에 오래 머무는 삶은 이제 보편적인 경로라기보다 하나의 선택지가 되었다. 오늘날의 일은 한 자리에 머무는 것이 아니라, 자신의 방향을 점검하며 다음 걸음을 준비하는 과정이다. 그리고 그 출발선이 바로, 지금 이 순간이다.

미래의 인터넷 산업에 과연 백발의 노인이 설 자리가 있을까. 이 질문은 특정 세대를 밀어내기 위한 말이라기보다 우리가 이미 발을 딛고 있는 현실을 차분히 바라보고자 하는 것이다.

세대의 변화는 우리가 생각하는 것보다 훨씬 빠르게 진행되고 있다. 1980~90년대생에 이어 2000년대생, 이제는 2010년대생까지 새로운 세대가 자연스럽게 전면에 등장하고 있다. 이들은 태어날 때부터 기술과 함께 자랐고, 새로운 환경에 적응하는 속도도 빠르다. 세상을 이해하는 방식은 더 다양해졌고, 복잡한 설명보다 직관과 효율에 익숙하다. 이미 1990년대생들 가운데에는 창업을 통해 의미 있는 성과를 내는 이들도 적지 않다. 이 세대는 '지켜야 할 전통'보다 '새로 만들어야 할 것'을 더 많이 떠안고 있다.

이 같은 변화 속에 '한 직장에서 수십 년을 일한다'는 말은 점점 낯설어지고 있다. 실제로 조직의 수명은 계속 짧아지고 있다. 한때는 30년이 자연스러운 기준이었고 그다음은 20년, 이제는 10년 남짓한 기간에 사라지는 조직도 흔해졌다. 우리가 믿어왔던 '안정'의 의미 자체가 달라지고 있는 셈이다.

그래서 다시 처음의 질문으로 돌아오게 된다. 젊은 사람들에게 정말 시간이 많을까. 겉으로 보면 그렇다. 아직 젊고, 체력도 있고, 실패해도 다시 시작할 수 있을 것처럼 보인다. 하지만 현실은 조금 다르다. 지금의 구직 환경은 훨씬 치열해졌고, 요구되는 기준도 과거보다 높아졌다. 선택지는 늘어났지만, 그만큼 준비해야 할 것도 많아졌다. 시간은 많아 보이지만, 마음 놓고 쓸 수 있는 여유는 오히려 줄어들었다.

시간은 단순히 흘러가는 자원이 아니라, 한 사람이 어떤 태도로 살아가는지를 드러내는 기준이 된다. 그렇다면 효율적인 방식만이 답일까. 개인의 삶에서는 꼭 그렇다고 말할 수는 없다. 각자의 속도와 방식은 존중받아야 한다. 그러나 조직과 사회라는 틀 안에서는 이야기가 달라진다. 그곳에서는 효율이 신뢰로 이어지고 그 신뢰가 다시 기회가 된다.

그래서 어쩌면 우리는 효율을 경쟁의 언어로만 받아들이기보다 변화 속에서 자신을 지키기 위한 하나의 기술로 배워야 하는지도 모른다.

모두에게
좋은 사람일 필요는 없다

자신감처럼 보이는 불안

인터넷에서 "외국에 나간 뒤 당신의 시선은 어떻게 달라졌나요?"라는 질문을 본 적이 있다. 여러 답변 가운데 유독 오래 마음에 남은 답변이 있다.

"밖에 나가 보니 나 역시 충분히 괜찮은 사람이고 누군가에게 칭찬받아도 되는 존재라는 걸 알게 됐어요."

이 글을 접했을 나와 동갑인 친구 S의 고백이 떠올랐다. 그는 조심스럽게 이렇게 말했다.

"너를 알기 전까지는 아무도 내게 그게 내 잘못이 아니라고 말해 준 적이 없었어. 더 애쓰지 않아도 된다고, 이미 충분하다고 말해 주는 사람도 없었지. 다들 계속 바꿔야 한다고만 했어. 그런데 사실 나는 이미 최선을 다하고 있었거든…."

곰곰이 생각해 보면 많은 사람이 이미 충분히 애써 왔다. 맡은 일은 성실하게 해냈고, 인간관계에서도 함부로 굴지 않으려 애썼다. 찾아온 기회 앞에서도 가볍게 넘기지 않고, 나름의 책임을 다하려 노력했다. 그런데도 현실은 좀처럼 나아지지 않는다. 협력업체는 사소한 문제를 과하게 문제 삼고, 약속된 대금은 이유 없이 미뤄진다. 윗사람들은 말을 바꾸고, 직원들을 한계까지 몰아붙이며, 어긋난 방향을 쉽게 고치지 않는다. 그런 상황에서도 우리는 다시 같은 말을 듣는다.

"조금만 더 힘내서 열심히 해 보자."

하지만 이런 말은 위로가 되기보다는 오히려 마음을 더 무겁게 한다. 이미 충분히 애써온 사람에게 더 노력하라는 말은 자신을 계속 부족한 존재로 여기게 만들기 때문이다.

어떤 사람들은 타인을 인정하고 긍정하는 데 익숙하지 않다. 누군가를 칭찬하는 일이 곧 자신의 몫을 줄이는 일이라고 느끼기 때문이다. 그래서 타인을 누르거나 평가절하하는 방식으로 자신의 우위를 확인하려 한다. 그 말에는 '너는 내가 희생해 줄 만큼의 가치가 없어'라는 메시지가 숨어 있다. 바로 그 지점에서 많은 사람의 마음이 닫힌다.

어떤 사람들은 누군가를 칭찬하면서도 그에 걸맞은 대우나 보상은 쉽게 내어주지 않는다. 분명 잘해 낸 일이 있는데도 그것을 능력 부족의 문제로 돌린다면, 그 원인은 상대에게 있기보다 나의 태도를 돌아봐야 한다. 괜히 사소한 흠을 들춰내며 상대를 낮추고, 마땅히 인정하지 않아도 된다는 이유를 스스로 만들어내고 있는 셈이다. 이런 모습은 관계 속에서 드러나는 인색함이자, 은근한 냉정함의 한 형태다.

또 어떤 사람들은 어린 시절부터 늘 비교 속에서 자라왔다. 이른바 '엄마 친구 아들'이라는 기준 앞에서 자신의 모습은 늘 부족한 쪽에 자리하곤 했다.

"너는 왜 그만큼 못 하니?", "다른 애들은 다 하는데."

부모는 그 말이 아이를 더 나은 방향으로 이끌 것이라 믿지만, 그런 환경에서 자란 이들은 자신을 지키기 위해 마음을 단단히 여밀 수밖에 없다. 그 단단함은 여유에서 나온 것이 아니라, 무너지지 않기 위해 자신을 붙잡아 온 결과다. 그렇게라도 하지 않으면 자신을 긍정하며 살아가기 어려웠기 때문이다.

이는 조건이 조금만 좋아져도 쉽게 들뜨고, 반대로 조금만 불리해져도 곧바로 위축되는 사람들이다. 겉으로는 자신감처럼 보이지만, 그 안에는 비교와 불안이 깊게 자리한 경우도 적지 않다. 생각보다 많은 이가 '괜찮은 나'를 안정적으로 믿지 못한 채 살아간다. 하지만 요즘 부모 세대는 자신이 자라며 겪었던 압박과 상처를 기억하기에 자녀들에게 따뜻한 말을 건넨다.

"너는 충분히 잘하고 있어!"

"지금의 너도 괜찮아!"

'그건 네 잘못이 아니다'라는 말의 필요

어느 날 친구의 집에 초대받아 간 적이 있었다. 친구의 여섯 살 된 딸과 함께 간단한 게임을 하게 되었는데, 나는 아이를 일부러 이기게 해 주는 데 익숙하지 않았다. 게임은 그대로 진행됐고 결국 내가 이겼다. 그러자 아이는 갑자기 울음을 터뜨렸다. 늘 이기는 쪽이었고, 언제나 중심에 서 있던 아이에게는 처음 겪는 일이었을 것이다.

그런데 아이가 운 이유는 단순히 졌기 때문만은 아니었다. 아이는 자신의 엄마가 내가 이기도록 일부러 도와주었다고 믿고 있었다. 자신이 졌다는 사실보다 상황이 공정하지 않았다고 느낀 점이 더 견디기 어려웠던 것이다.

그날 이후 나는 아이를 키우는 다른 친구들을 유심히 보게 되었다. 그리고 비슷한 장면이 반복되고 있다는 사실을 알게 되었다. 늘 보호받고, 늘 이겨 왔던 아이들은 일이 뜻대로 풀리지 않을 때 감정을 조절하지 못했다. 쉽게 화를 내거나 울음을 터뜨렸고, 그 곁에서 부모는 점점 아이 앞에서 모든 문제를 해결해 주는 존재가 되어 갔다.

하지만 그런 방식은 아이에게 자신감보다 근거 없는 확신을 먼저 심어준다. 실패를 받아들이고, 좌절을 견디는 힘을 기를 기회를 빼앗아 버리는 셈이다. 그럴수록 아이는 오히려 더 혼란스러워진다. 실패를 어떻게 받아들여야 하는지 배우지 못했기 때문이다. 부모 역시 점점 지쳐간다. 늘 해결해 주는 사람, 언제나 완벽한 보호자로 서 있어야 하기 때문이다. 그러나 이미 알고 있듯이 어른의 세계에도 만능은 없다. 완벽한 가정이라는 것도 현실에는 존재하지 않는다.

우리의 교육과 사회에는 경쟁과 비교가 지나치게 깊이 스며들어 있다. 그래서 우리는 어느새 성공하지 못하면 그것이 곧 실패이고, 부끄러운 일이라고 여기게 되었다. 더 큰 문제는 성공의 기준이 너무 좁다는 점이다. 빛은 늘 소수에게만 집중되고, 그 주변에 있는 평범한 사람들의 자리와 속도는 쉽게 인정받지 못한다. 그러다 보니 서로를 이해하기보다 비교하고 판단하는 데 더 익숙해진다.

이런 분위기는 가정 안에서도 크게 다르지 않다. 존중과 신뢰로 이어지는 관계보다 부부 사이에서도 부모와 자식 사이에서도 서운함과 원망이 오가는 장면이 더 흔하다. 기대는 어느새 요구로 바뀌고 요구는 실망과 비난으로 이어진다.

우리는 타인에게 친절해야 한다는 말을 너무 쉽게 꺼낸다. 하지만 그 친절이 경계를 잃는 순간, 요구는 점점 커지고 부담은 한쪽에 쏠린다. 그렇게 관계는 불균형해지고, 누군가는 자신의 몫을 조금씩 빼앗기게 된다. 그 과정에서 요구받는 사람은 결국 자신을 의심하게 된다.

'정말 이 모든 게 내 잘못일까?'

그렇다면 무엇이 잘못된 것일까. 백 점이 아니면 틀린 걸까. 눈에 띄는 성과가 없으면 실패한 걸까. 거절당한 경험이나, 남들과 다른 선택을 한 일, 다수의 길에서 벗어난 결정은 정말 잘못된 것일까. 곰곰이 생각해 보면, 그 어느 것도 본질적인 잘못은 아니다.

문제는 우리가 무엇을 잘못했느냐가 아니라 잘해야만 인정받을 수 있다고 믿게 된 태도에 있다. 애초에 조건을 달고 주어지는 인정은 오래가지도, 온전히 가능하지도 않다. 어느 대만 작가는 이런 말을 남겼다.

"높은 EQ는 분명 중요하지만, 그 목적은 다른 사람의 마음을 편하게 해 주는 데 있지 않다. 타인의 마음을 편하게 하기 위해 자신을 불편하게 만든다면, 그것은 EQ가 높은 것이 아니라 가장 나쁜 선택이다."

오늘날 우리는 외모든 성격이든, EQ든 IQ든 어떤 부족함도 허용되지 않는 사람처럼 살아가야 한다고 느낄 때가 많다. 마치 흠 하나 없는 사람이 되어야만 존중받을 수 있는 것처럼 말이다. 그러나

그런 요구는 지나치다. 우리가 부족하다고 부르는 많은 것은 결함
이라기보다 한 사람을 이루는 고유한 특성에 가깝다. 타인에게 해
를 끼치지 않는 한, 그것을 드러낸다고 해서 문제가 될 이유는 없
다.

모두에게 호감을 얻는 사람은 없다. 아무리 조심하고 성실하
게 살아도, 타인의 옹졸함이나 부당한 요구까지 피할 수는 없
다. 우리가 할 수 있는 일은 그럴 때마다 자신에게 말해 주는
것이다.
"이건 내 잘못이 아니다."
우리는 '잘해야 한다'는 말 하나 때문에 그렇게까지 자신을 몰
아붙이며 살아갈 필요는 없다. 조금 덜 완벽해도, 그 삶은 존
중받을 자격이 있다.

'자기부정'을
버렸는가

어젯밤 친구 K와 식사를 하다 이런 이야기를 들었다. 그녀가 한동안 마음을 두고 있던 남자를 친구 목록에서 지웠다는 것이다. 이유를 묻자 잠시 생각하던 그녀는 이렇게 말했다.

"딱 잘라 말할 이유 같은 건 없어. 그냥 그 사람이 그렇게까지 적극적인 것 같지도 않고, 나를 얼마나 신경 쓰는지도 잘 모르겠더라. 정말 마음이 있었다면 다시 연락하지 않겠어?"

이런 선택은 불확실한 관계를 조금이라도 분명하게 만들고 싶을 때 많은 사람이 택하는 방식이다. 하지만 솔직히 말해 그다지 마음이 편안한 선택이라고 하기는 어렵다. 마음이 움직이기 시작하면, 이 감정이 혹시 나 혼자만의 착각은 아닐지 불안해지기 마련이기 때문이다.

관계의 초반에는 깊은 이야기를 꺼내기가 쉽지 않다. 아직 서로에게 속마음을 드러낼 만큼 안전하다고 느끼지도 못하고, 상대의 진심을 묻는 것이 과연 정당한지 자신도 확신하기 어렵기 때문이다. 그래서 우리는 말보다 태도를, 설명보다 감각을 더 믿게 된다. 하지만 이런 상태는 관계를 확실하게 만들기보다는 오히려 사람을 더 헷갈리게 하고 마음을 지치게 할 수 있다.

그럼에도 이 시간을 완전히 건너뛰기는 어렵다. 감정이 깊어지는 과정에서 거의 누구나 한 번쯤은 지나게 되는 구간이기 때문이다. 남녀 관계에서 우리는 늘 바란다. 서로의 마음이 비슷한 속도로 비슷한 지점에 도달해 있기를.

내가 상대를 이만큼 좋아하고 있다면, 상대도 비슷한 만큼은 마음을 내어주었으면 좋겠다. 그보다 더 깊다면 물론 기쁘다. 하지만 이미 마음을 꽤 많이 건넸는데도, 상대가 같은 지점에 와 있는지, 아니면 아직 멀찍이 떨어져 있는지조차 알 수 없다면 자연스럽게 불안해진다. 마음이 움직이는 순간부터 우리는 이미 취약해진다. 그래서 누구나 상처받을 가능성 앞에서는 조심스러워지고 그만큼 두려워진다. 상대의 태도가 분명하지 않을 때, 스스로 결론을 내린다.

'이 사람은 나를 좋아하지 않는구나.'

이렇게 생각하면 마음을 거두기가 조금은 쉬워진다. 경우에 따라서는 감정을 내려놓을 이유도 생긴다. 자신을 지키기 위한 선택인 셈이다.

앞서 이야기한 내 친구의 행동도 크게 다르지 않다. 이는 수치심이 분노로 바뀌는 과정으로도 볼 수 있다. 마음이 먼저 움직였다는 사실, 감정을 충분히 조절하지 못했다고 느낀 점, 상대를 더 좋아하게 되었다는 자각, 그리고 그만큼의 반응을 곧바로 돌려받지 못했다는 상황이 한꺼번에 밀려오며 부끄러움과 억울함으로 변한 것이다.

이런 반응은 미숙해 보일 수도 있다. 하지만 실제로는 누구나 쉽게 빠져드는 감정의 흐름이기도 하다. 특히 많은 여성은 이런 방식에 더 익숙해 보인다. 오랫동안 관계에서는 남자가 먼저 다가와야 한다는 관념 속에서 자라왔기 때문이다. 그래서 상대가 먼저 움직이지 않으면, 곧 자신이 사랑받지 못한다고 받아들이게 된다. 더 나아가 여성이 먼저 마음을 표현하면 가볍게 보이지 않을까 걱정하기도 한다. 그 두려움은 개인의 문제가 아니라 남녀를 구분해 가르쳐온 오래된 교육과 관습이 남긴 결과다. 그리고 그 결과는 남녀 모두에게 관계 안에서 불필요한 혼란과 부담으로 돌아온다.

______________ 자기부정의 진짜 이유

내 주변의 남자 친구들을 살펴보면 성격이 무척 다양하다. 자신감 넘치고 외향적인 사람이 있는가 하면 말수가 적고 조용한 사람도 있다. 나는 어느 날 그들에게 이런 질문을 던졌다. 마음에 두고 있는 사람이 있지만, 상대의 감정을 확신할 수 없을 때 자신에게 '아마 나를 좋아하지 않을 거야.'라고 말하며 마음을 접어 본 경험이 있는지를 물었다. 예상과 달리 꽤 많은 이가 고개를 끄덕였다.

모든 남자가 좋아하는 사람 앞에서 늘 먼저 나서는 것은 아니다. 그들 역시 상처받을까 두렵고, 혹시 혼자만의 감정은 아닐지 걱정한다. 그래서 자신을 설득하며 물러나는 쪽을 택하기도 한다. 만약 두 사람이 서로에게 호감을 품고 있으면서도, 동시에 상대가 나를 좋아하지 않을 거라는 생각에 단념을 한다면 그 관계는 시작조차 하지 못한 채 지나가 버릴 수 있다.

우리가 자기부정을 선택하는 이유는 대개 상대가 싫어서가 아니다. 그보다 더 깊은 곳에는 거절당할지도 모른다는 두려움이 자리한다. 마음이 커질수록 오히려 자신을 지키기 위해 한 발 물러선다. 그리고 그 두려움을 '싫다'는 말로 바꾸어 자신을 달래곤 한다. 그것이 때로는 가장 쉬운 자기방어이기 때문이다.

사람들은 연봉 협상 자리에서 자신이 원하는 기준을 쉽게 말하지 못한다. 괜히 꺼냈다가 분위기만 어색해질 것 같고, 말해 봐야 달라질 게 없을 것 같다는 생각이 먼저 들기 때문이다. 그렇게 하지 못한 말들은 마음속에 쌓이고, 시간이 지나면 회사에 대한 서운함이나 원망으로 바뀐다.

부부나 연인 사이도 크게 다르지 않다. 원하는 것이 있어도 거절당할까 봐 차마 말하지 못한다. 그러다 결국 "됐어, 말 안 할래. 어차피 안 해 줄 거잖아."라고 스스로 결론을 내린다. 실제로 거절을 당한 적은 없지만, 마음속에서는 이미 한 번 상처를 입은 셈이다.

이런 자기부정은 특히 관계가 아직 확실하지 않을 때 자주 나타난다. 관계가 안정적일수록 사람들은 비교적 편안하게 자신의 마음을 말하고 필요한 것을 요청한다. 원하는 답을 얻지 못해도 그 결과를 받아들일 수 있고, 그것이 곧바로 관계의 위기로 이어지지도 않는다. 기본적인 신뢰가 있기 때문이다. 그런 관계 안에서 자신을 먼저 깎아내릴 필요가 없다.

자기부정은 우리가 확신을 잃고 자신이 없어질 때, 슬그머니 고개를 든다. 겉으로는 자존심을 지킨 것처럼 보이고, 직접 거절당하는 상황을 피한 것 같기도 하다. 하지만 그 선택이 정말 우리를 지켜주는지는 다시 생각해 볼 필요가 있다. 많은 경우, 그것은 상처를 막기보다는 오히려 성장의 기회를 막고 마음의 문을 먼저 닫아버릴 수 있다.

그렇다면 솔직하게 원하는 것을 말하고, 그 결과로 거절을 받으면 정말 감당하기 힘든 상처를 입게 될까.

"사실 나는 너를 많이 좋아해. 그런데 네 마음이 어떤지 잘 모르겠어. 말해 줄 수 있을까?"

"미안해. 나는 너를 그렇게 생각하지 않아."

"그래도 솔직하게 말해 줘서 고마워."

이 장면은 떠올리기만 해도 마음이 내려앉는다. 애써 담담한 척해도 자존심은 흔들리고, 붙들고 있던 '혹시나'의 기대는 한순간에 정리된다. 그렇다고 그것이 치명적인 상처일까. 아프지 않다고 할 수는 없지만, 그 통증은 혼자서 끝없이 추측하던 자리에서 벗어나 현실을 마주할 때 느끼는 아픔이다. 모호함이 사라진 자리에는 상실과 함께 가벼움도 남는다. 더 이상 마음을 소모하지 않아도 된다. 아픔은 남지만 불확실성은 끝난다. 그리고 그 사실이 생각보다 큰 안도감을 준다.

타인이 매긴 값에서
벗어나는 연습

_______________ '나로 사는 삶'을 선택한다는 것

얼마 전, 해외에서 돌아온 친구 R을 만났다. 우리는 자연스럽게 그동안의 이야기를 나누었다. 그는 내가 여성의 가치와 개인의 가치를 어떻게 세워야 하는지에 대해 자주 이야기해 왔다는 사실을 알고 있었다. 그러다 문득 이렇게 물었다.

"너는 너 자신의 가치를 어떻게 생각해?"

솔직히 그 질문을 듣자 잠시 말문이 막혔다. 오랫동안 여성의 가치와 개인의 가치를 말해 왔지만, 정작 나 자신의 가치에 대해서는 깊이 생각해 본 적이 없다는 사실을 그때 처음 자각했기 때문이다. 마침 얼마 전 한 회사의 입사 제안을 거절한 상황이어서 나는 그에

게 이렇게 답했다.

"그 질문에 지금 당장 명확한 답을 하기는 어려워. 대신 한 가지 경험을 이야기해 줄게. 얼마 전에 ○○ 회사에서 제안을 받았어. 지금 다니는 회사보다 플랫폼도 훨씬 크고, 연봉도 거의 1.5배였어. 처음에는 당연히 이직을 해야겠다고 생각했지. 그런데 업무 강도가 너무 세서 개인 생활을 거의 포기해야 할 것 같더라. 처음 관심이 있다고 말했을 때는 큰 행사를 치르던 중이라 정신이 없었는데, 일이 끝나고 집에 돌아와 소파에 앉아 차분히 생각해 보니 이런 생각이 들었어. 개인 생활조차 없을 만큼 바쁘다면, 직급이 오르고 연봉이 높아져도 그건 '나로 사는 삶'은 아닐 것 같다는 생각이 들었어. 나는 높은 직위나 연봉이 곧 내 가치라고는 생각하지 않아. 내 가치는 외부의 평가나 인정이 아니라 나 자신에게 있다고 생각해. 나에게는 직위나 연봉보다 균형 있는 삶이 더 중요해."

내 이야기를 들은 친구는 고개를 끄덕이며 이렇게 말했다.

"아주 분명하네. 너만의 답이 이미 있네!"

이 이야기는 내가 왜 늘 기업의 과도한 야근과 주말 근무에 비판적인지와도 직결되어 있다. 겉으로는 플랫폼이 좋아 보이고 연봉이 오른 것처럼 보이지만, 조금만 들여다보면 시간당 노동의 가치는 거의 나아지지 않았거나 오히려 낮아진 경우도 많다. 실제로 늘

어난 것은 보상의 질이 아니라 노동을 제공하는 시간일 뿐이다. 그럼에도 우리는 그것을 연봉 상승이나 개인의 가치 향상으로 포장하곤 한다. 하지만 나는 그렇게 생각하지 않는다. 그것은 성장이 아니라 더 많은 시간을 내어주면서도 충분한 존중을 받지 못하는 상태라고 생각한다.

예전에 한 대형 포털사이트 기업의 면접에 참석한 적이 있다. 업무 강도에 대해 조심스럽게 묻자, 면접관은 비교적 담담한 어조로 답했다. 말은 완곡했지만 실제로 요구되는 책임과 시간의 무게는 가볍지 않다는 점이 분명히 느껴졌다. 그 회사의 규모를 생각하면 야근은 자연스럽게 감수해야 할 일이며, 어쩌면 그것 자체가 기회라는 듯한 분위기였다. 말을 하는 사람도 특별히 문제의식을 느끼는 기색은 없었다. 그 장면을 보며 나는 한 가지 생각이 들었다. 어느새 노동의 양을 버티는 일이 능력이나 헌신의 증표처럼 받아들여지고 있고, 그 기준이 너무도 당연한 것으로 자리 잡은 것은 아닐까.

업무상 여러 대기업과 오랜 기간 관계를 이어 오면서, 그곳에서 일하는 일부 사람들이 자신을 과도하게 평가하고 있다는 인상을 받은 적이 있다. 회사의 가치와 개인의 가치가 늘 함께 상승한다고 믿는 듯했기 때문이다. 자신이 조직에서 핵심적인 위치에 있으며, 자신의 업무 능력 또한 특별하다고 여기는 모습이 자주 눈에 들어왔다.

하지만 한 걸음 떨어져 바라보면 회사의 규모나 명성이 곧 개인의 가치를 보증해 주는 것은 아니다. 냉정하게 말해 거대한 시스템 안에서 특정 역할을 수행하고 있다는 사실만으로 자기 자신을 자랑스러워하기는 쉽지 않다. 회사가 크다고 해서 그 안에 있는 모든 개인의 가치까지 자동으로 커지는 것은 아니기 때문이다.

아주 단순한 계산을 한번 해 보자. 당신의 월급이 800만 원이라면 스스로 꽤 능력 있는 사람이라고 느낄 수도 있다. 그런데 그 일을 월급 600만 원을 받는 두 사람에게 나누어 맡긴다면 어떨까. 두 사람이 함께한다면 당신 혼자보다 더 많은 일을 더 빠르게 해낼 가능성도 있다. 반대로 월급 1,000만 원을 받는 한 사람에게 맡기면, 결과의 완성도나 안정감이 더 높아질 수도 있다. 이렇게 놓고 보면, 회사가 당신을 선택한 이유는 당신이 '특별'해서라기보다 그 일에 비해 비용과 성과의 균형이 맞았기 때문일 가능성이 크다. 이 계산은 다소 냉정하지만, 우리가 일하는 현실은 대체로 이런 방식으로 움직인다.

결국 당신이 선택된 이유는 탁월함 그 자체라기보다 그 업무에 적절한 비용과 효율의 지점에 있었기 때문일 수 있다. 이 사실이 말해 주는 것은 단순하다. 사장은 감정이 아니라 계산으로 판단한다는 것이다. 그렇다면 우리가 쉽게 느꼈던 그 우쭐함은 어디에서 비롯된 것이었는지 한 번쯤은 돌아볼 필요가 있다.

사람의 값을 재는 단 하나의 기준

예전에 한 친구와 이야기를 나누다 이런 말을 한 적이 있다. "요즘은 개인 명의의 부동산 말고는 사람을 가늠할 기준이 거의 남지 않은 것 같아." 농담처럼 꺼낸 말이었지만, 완전히 웃고 넘길 이야기는 아니었다. 집의 규모가 곧 성공의 척도가 되고, 더 많이 소유할수록 선망의 대상이 되는 분위기 속에서 우리는 자연스럽게 서열을 매긴다. 다시 생각해 보면 꽤 낯선 풍경이다.

얼마를 벌었는가만으로는 더 이상 충분하지 않다. '돈을 버는가'의 문제가 아니라, 어떤 방식으로 돈을 벌고 있는가'의 문제가 중요하다. 진입 장벽은 높아졌지만 기대만큼의 보상을 주지 못하는 직장이 있는가 하면, 특별한 기준 없이 들어갈 수 있지만 과도한 이익을 취하는 곳도 있다. 만약 최종 수입만으로 누가 성공한 사람인지 판단한다면 어떤 풍경이 펼쳐질까. 그 결과는 이미 곳곳에서 드러나고 있다. 요즘 어린아이들이 가장 선호하는 직업으로 연예인이나 인플루언서를 꼽는 현실이 그렇다.

좋은 직장을 떠올릴 때 꼭 연봉이나 회사 이름부터 생각나는 것은 아니다. 함께 일하는 동안 자신을 작게 느끼지 않아도 되는 곳, 말 한마디와 선택 하나가 사람을 함부로 만들지 않는 곳이 먼저 떠오른다. 각자의 사정과 속도가 조금씩 다르다는 사실을 인정해 주고, 누군가의 삶을 숫자 하나로 재단하지 않는 분위기. 그런 곳에서는 굳이 자신을 증명하려 애쓰지 않아도 된다. 일은 힘들 수 있어도, 사람으로서의 존엄까지 깎이지는 않는다.

친구 Y는 어느 날 회사 인사팀 이야기를 들려주었다. 채용 과정에서 지원자의 경력뿐 아니라 외모와 차림새도 세심하게 살핀다는 것이었다. 입고 온 옷차림이나 착용한 물건을 통해 대략적인 경제적 배경을 가늠하는 일도 암묵적으로 이루어진다고 했다.

사실 이런 사람들은 분명 존재한다. 그들은 무의식적으로 타인에게 보이지 않는 가격표를 붙인다. 집이 몇 평인지, 어느 지역인지, 어떤 차를 타는지, 옷이나 가방이 브랜드 제품인지, 연봉의 규모까지. 사람을 바라보는 기준이 거의 이런 숫자들로 채워져 있다.

그러나 이런 방식의 가격 매김 앞에서 나는 이렇게 말하고 싶다. 인생에는 돈 말고도 다른 기준이 있다. 그것은 바로 성과다. 여기서 말하는 성과는 단순한 실적이나 수입이 아니다. 돈보다 훨씬 넓고 더 깊은 차원의 것이다. 사람이 사람으로서 자신을 증명하는 것은 몇백만 원짜리 겉모습이 아니라, 오랜 시간에 걸쳐 쌓아온 일의 결과와 삶의 흔적이다.

만약 당신이 이미 자신의 가치를 스스로 정해 두었다면, 화려하게 입든 소박하게 입든 그것이 당신의 가치를 바꾸지 못한다는 사실을 알게 된다. 가치는 외부에 놓여 있는 것이 아니

며, 어떤 것과도 맞바꿀 수 있는 대상이 아니다. 누군가의 칭

찬으로 얻어지는 것도 아니고, 타인에게 증명해야 할 무엇도

아니다. 그것은 당신이 자신의 삶에 대해 내리는 하나의 최종

적인 인정이다.

'옳아야 한다'는
생각이 나를 묶을 때

나와 나이가 비슷한 친구 Y는 늘 연애를 시도하지만 끝내 같은 결과를 반복하곤 한다. 관계를 시작하지만 오래 이어지지 못하고, 실패의 상처만 남긴 채 다시 혼자가 된다. 어느 날 우리는 꽤 깊은 대화를 나누게 되었고, 나는 그녀에게 스스로 무엇이 문제라고 생각하는지 조심스럽게 물어보았다. 그녀는 잠시 망설이다가 사실은 이미 자신의 문제를 알고 있다는 것이다.

수년 전, 그녀는 한 남자와 연애를 했다. 그는 그다지 믿음직한 사람이 아니었다. 두 사람은 헤어졌다가 다시 만나는 일을 반복했고, 그 과정에서 다툼이 잦아졌다. 오랜 시간 이어진 관계는 서로를 지치게 했고, 마음을 전하려던 말은 번번이 엇갈렸다. 그래서 끝 또한 좋을 수 없었다. 그럼에도 그녀에게 그는 그동안 만났던 사람들 가운데 가장 깊이 마음을 쏟았던 사람이다.

그 일은 이미 오래전의 일이었지만, 그녀의 마음에는 여전히 짙은 흔적으로 남아 있었다. 다시 친밀한 관계에서 상처를 입을지도 모른다는 두려움 때문에 새로 만난 사람과 감정이 깊어질 때마다 그녀는 그것을 애써 가볍게 넘기거나, 때로는 미묘한 거리감을 드러냈다. 그러나 그것은 바깥으로 보이는 태도일 뿐이었다. 그녀의 진짜 마음은 이랬다.

> "나는 그 방에 다시 들어가고 싶지 않아. 안이 어두울까 봐 무서워. 그래서 차라리 밖에 서 있는 게 좋아."

이런 감정은 결코 특별한 것이 아니다. 특히 과거의 관계에서 깊은 상처를 겪은 사람이라면 더욱 그렇다. 하지만 이는 한 번 목이 멘 경험이 있다고 해서 음식을 먹는 일 자체를 포기해 버리는 것과 다르지 않다. 그 기억은 몸이 먼저 알아보고, 마음은 뒤늦게 따라온다.

자신이 실패했다고 여기는 사랑의 역사를 꺼내고 싶어 하는 사람은 많지 않다. 그것은 무의식 깊은 곳에 자리한 '나는 사랑을 받을 자격이 없다'는 생각을 건드리기 때문이다. 그러나 아이러니하게도 우리가 끝까지 마음을 다하더라도 결국 열매를 맺지 못하는 경우는 생각보다 흔하다. 사랑의 결과가 언제나 노력의 크기와 비례하는 것은 아니기 때문이다.

'사랑'과 '옳음'은 같은 말처럼 들리지만, 실제로는 서로 다른 방향을 가리킨다. 사랑은 마음이 먼저 움직이는 일이고, 옳음은 시간을 두고 여러 조건을 살피며 판단하게 되는 일이다. 특히 젊을 때는 사랑이 비교적 쉽게 찾아오기도 한다. 눈에 띄는 외모나 건강한 에너지, 대화에서 느껴지는 지적 호기심이나 유머만으로도 호감을 얻는 일이 가능하다. 이런 요소들은 누구나 어느 정도는 갖출 수 있는 겉으로 드러나는 조건들이다.

하지만 관계 안에서 구체적인 바람을 말하면 분위기는 달라진다. 나는 결혼을 생각하고 있지만, 상대는 아직 그럴 마음이 아닐 수도 있다. 나는 부모와 함께 사는 삶을 원하지 않는데, 상대에게는 그것이 자연스러운 선택일 수도 있다. 나에게 이 관계는 분명한 사랑이지만, 상대에게는 그저 일상을 안정적으로 유지해 주는 한 부분일지도 모른다.

또 어떤 경우에는 내가 이 관계에 마음과 힘의 대부분을 쏟고 있는데, 상대는 그만큼의 무게를 느끼지 않는 듯 보이기도 한다. 같은 관계 안에 있으면서도, 서로가 내어놓는 마음의 비중은 이렇게 다를 수 있다.

그때부터 문제는 서서히 모습을 드러낸다. 서로를 끌어당기던 두 사람은 어느새 힘의 균형을 두고 겨루기 시작하고, 상대를 바꾸어 자신에게 맞추려 하며, 끝내는 관계를 통해 자신을 만족시키려 든다. 사랑이 머물던 자리에 계산과 요구가 들어서면서 관계는 점점 숨이 막히는 공간으로 변해 간다.

_______________ 옳은 사람과 끌리는 사람 사이

내게는 두 명의 남자 친구가 있었다. 나는 종종 그들을 통해 나 자신을 돌아보곤 했다. 관계 속에서 드러나는 그들의 태도가 어느 순간부터는 나를 바라보는 나 자신의 시선처럼 느껴졌기 때문이다.

한 사람은 나를 돌봐주는 쪽에 가까웠다. 요즘 말로 하면 흔히 '훈남'이라 불릴 만한 사람이었다. 그는 다정했고 세심했다. 내가 밤을 새우려 하면 걱정하며 말렸고, 냉동실에서 막 꺼낸 음식을 먹으려 하면 조용히 손을 내밀어 막았다. 무언가에 깊이 몰두할 때면, 너무 무리하지 말라며 늘 한발 먼저 나를 살폈다. 그의 관심은 언제나 '괜찮은 상태'를 지켜주는 데 맞춰져 있었다.

또 다른 한 친구는 나와 호흡이 잘 맞는 사람이었다. 새벽 세 시든 다섯 시든, 비가 오든 눈이 오든 내가 밖에 나가고 싶다고 하면 그는 곁에 함께하려 했다. 나의 선택을 말리기보다 존중했고, 내가 하는 일들에 대해 판단하기보다는 그대로 받아들이는 편이었다. 그는 나를 보호하기보다 허용했고, 이끌기보다 나란히 서는 방식

으로 관계를 만들어 갔다.

만약 당신이라면 어느 쪽을 더 좋아할까. 나는 두 번째 사람에게 더 마음이 갔다. 첫 번째 사람이 더 믿음직스럽고, 더 안정적이며, 현실적인 선택이라는 사실을 모르는 것은 아니었다. 그럼에도 마음은 자꾸 다른 쪽으로 기울었다.

아마 많은 사람이 가장 혼란스러워하는 순간도 이런 때일 것이다. 머리로는 그 선택이 옳다는 걸 알면서도, 그 '옳음'이 점점 숨을 조여 오는 것처럼 느껴질 때. 사랑 앞에서 맞는 길을 택하라는 말이 어느 순간 하고 싶은 마음을 접으라는 요구처럼 들릴 때 마음을 닫아 버린다.

내가 이런 선택을 하게 되는 이유는 사실 상대의 매력과 크게 관계가 없다. 사람의 본능이란 본래 자신을 통제하지 않는 상태를 편안하게 느끼기 때문이다. 만약 당신이 맺고 있는 관계가 당신을 구속하지 않고 있는 그대로 받아들여 준다면, 당신은 분명 안도감을 느끼고 그 사람에게 더 깊이 끌리게 될 것이다.

이 감정은 아주 단순한 예로도 설명할 수 있다. 사탕을 좋아하는 아이가 있다고 하자. 한 사람은 일주일에 한 번만 사탕을 먹을 수 있다고 말하고, 다른 한 사람은 아무 조건도 붙이지 않은 채 사탕을 건네준다. 아이가 어느 쪽을 더 좋아하게 될지는 굳이 설명하지 않아도 알 수 있다. 우리는 결국 자유를 허락하는 쪽에 마음이 먼저 움직이게 된다.

그렇다면 그런 선택의 끝은 어디로 향할까. 시간이 지나면 달콤한 사탕이 결국 치아를 상하게 하듯이 무조건적인 자유에도 분명 대가는 따른다. 그래서 어느 순간에는 사탕을 주지 않았던 사람이 오히려 더 나은 선택이었을지도 모른다는 생각이 스친다.

나는 상대를 구속하고 통제하는 사람에게 끌리는 경우를 거의 보지 못했다. 만약 그런 일이 있다면, 그 사람은 이미 많은 시간을 지나며 스스로 단단해진 뒤일 것이다. 나는 그런 선택을 존중하고 그 마음을 이해하려 애쓴다.

다만 그와는 별개로 나는 나를 기쁘게 해 주는 사람에게 더 강한 친밀감을 느끼는 것은 사실이다. 그것이 근시안적일 수 있고, 이성적이지 않으며, 어쩌면 위험한 선택일지라도 말이다.

끌림은 본능이고, 성숙은 판단이다

전 연인을 떠올릴 때, 많은 사람은 자연스럽게 자기 자신을 돌아보게 된다. 그 사람이 어떤 사람이었는지를 이야기하다가도, 생각은 어느새 "왜 나는 그를 좋아했을까?"라는 질문으로 옮겨 간다. 그 물음은 단순한 회상이 아니라 당시의 선택을 되짚어 보려는 마음에서 비롯된다.

하지만 다시 그때로 돌아간다고 해서 전혀 다른 선택을 할 수 있을지는 알 수 없다. 외모가 맘에 들고, 말이 잘 통하며, 함께 있으면 자연스럽게 웃게 만드는 사람이 나타난다면 마음이 먼저 움직이는 것은 아주 자연스러운 일이다. 그것은 이성이 부족해서라기보다 사람이 사람에게 끌리는 방식이다.

다만 시간이 지나며 달라지는 점이 있다면, 우리는 이제 끌림에 만 머물지 않는다는 것이다. 마음이 움직이는 동시에 생각이 따라 온다. 이 사람은 어떤 성격을 지녔는지, 삶을 대하는 태도는 어떤 지, 일과 생활의 균형을 어떻게 유지하는지, 어떤 가치관을 품고 살아왔는지. 이 질문들이 하나둘 쌓이는 동안 처음의 감정은 자연 스럽게 속도를 늦춘다. 그래서 성숙해진 사람일수록 마음이 쉽게 흔들리지 않는다. 감정이 사라졌기 때문이 아니라, 감정 위에 생각 을 얹을 줄 알게 되었기 때문이다.

우리는 우리 안에 있는 진짜 '나'가 늘 현명하고 이성적인 존 재가 아니라는 사실을 먼저 인정해야 한다. 그 '나'는 종종 바 보 같고, 충동적이며, 지혜롭지 못하고, 때로는 제멋대로 행 동한다. 실수를 저지르는 것이 당연한 존재라는 점을 받아들 이는 일은 그래서 중요하다. 이를 단순히 나이가 어려서, 혹은 경험이 부족해서 생긴 어리석음으로만 치부해서는 안 된다. 그 '나'는 훨씬 더 복잡하고, 고집스럽고, 분명한 자아의 한 부 분이기 때문이다.

이 복잡함과 고집스러움을 인정하게 되면, 우리는 그것을 숨기거나 외면하거나, 애초에 없었던 것처럼 꾸미려 하지 않게 된다. 자신이 옳은지 그른지, 현명한지 어리석은지를 끝없이 따지지도 않는다. 자신을 과도하게 탓하지도 않고, 타인을 원망하거나 운명을 탓하며 한숨짓지도 않는다. 그저 세상의 이치가 본래 그렇다는 사실을 이해하게 될 뿐이다.

몸과 마음은 한 번 깨닫는다고 바로 달라지지 않는다. 계속 연습이 필요하다. 우리가 할 수 있는 성장이란 거창한 변화가 아니라 어떤 상황에서 어떤 선택을 할지 조금씩 배워가는 일이다. 그 과정에서 어떻게 반응할지 익히고, 자신을 지키는 방법을 하나씩 알아간다. 그렇게 쌓인 경험은 우리를 완벽하게 만들지는 않지만, 분명 예전보다 단단한 사람으로 만들어 준다.

인생을 하나의 콘셉트로
정하지 마라

데이터의 시대에는 한 사람이 하루아침에 주목을 받거나, 반대로 순식간에 외면당하는 일이 낯설지 않다. 그 급격한 변화의 중심에는 대개 하나의 이미지, 곧 '콘셉트'가 놓여 있다. 인기를 얻었다는 말은 그 콘셉트가 사람들 사이에서 단단히 굳어졌다는 뜻이고, 추락했다는 말은 그 이미지가 더 이상 유지되지 않는다는 의미다.

우리는 종종 누군가를 하나의 모습으로만 기억하려 한다. '이 사람은 이런 사람'이라는 간단한 문장으로 정리해 두면 이해하기 쉽기 때문이다. 그런데 그 이미지가 깨지면 사람들은 놀라움보다 실망과 조롱을 먼저 쏟아낸다. 그가 가면을 벗어서가 아니라 우리가 믿고 싶었던 모습이 무너졌기 때문이다. 사실 대부분의 사람은 여전히 가면을 쓰고 살아간다. 아직 들키지 않았을 뿐이다.

나는 본업이 이야기를 만드는 사람이다. 그래서 인물을 설계할 때면 의도적으로 뚜렷한 성격과 콘셉트를 부여한다. 그것은 이야기를 선명하게 만들기 위한 장치다. 하지만 현실의 사람에게 그런 콘셉트를 그대로 기대하면 우리는 쉽게 실망하게 된다.

사람의 마음은 생각보다 훨씬 복잡하다. 한 사람 안에는 선한 마음과 이기적인 마음이 함께 있고, 옳음과 그름, 충성과 배반 역시 동시에 공존한다. 중요한 것은 어떤 면이 '있는가'가 아니라 그 순간 어떤 면이 선택되어 드러나느냐. 사람은 고정된 캐릭터가 아니라 매번 선택을 통해 모습을 바꾸며 살아가는 존재이기 때문이다.

'콘셉트'를 만든다는 것은 사람들의 시선을 끌고 호감을 얻어 그 힘으로 어떤 목적에 다가가려는 일이다. 하지만 우리는 종종 잊는다. 콘셉트는 어디까지나 장치일 뿐, 진실 그 자체는 아니라는 사실을. 매우 아름다운 뷰티 유튜버도 우리와 다르지 않다. 아침에 눈을 뜨고, 화장실에 가고, 피곤한 얼굴로 하루를 시작한다. 다만 우리는 화면 속에서 가장 정돈된 순간만을 볼 뿐이다. 거울 앞에 선 정돈된 모습은 보지만 멍하니 앉아 있는 시간은 보지 못한다. 그 사이에 생기는 간극, 그것이 바로 콘셉트가 만들어내는 거리다.

콘셉트로 주목받는 사람들 가운데에는 시간이 지나 그 무게를 버거워하는 이들도 적지 않다. 콘셉트를 유지하는 일은 생각보다 훨씬 어렵다. 그것은 감정의 문제가 아니라 노동에 가깝고, 일상의 연장이기보다는 하나의 업무처럼 다가온다. 그래서 우리는 가끔 라이브 방송에서 "이제는 너무 힘들다."라고 말하며 눈물을 보이는 사람들을 접하기도 한다. 그 눈물은 과장이 아니라 오래 애써온 사람에게 쌓인 피로감이다.

콘셉트가 힘든 이유는 진실과의 균형을 쉽게 무너뜨리기 때문이다. 현실의 사람은 여러 얼굴을 지니고 살아가지만, 콘셉트는 그 중 한 방향만을 계속 요구한다. 예를 들어, 먹방을 하는 사람은 분명 먹는 일을 즐겼을 것이다. 하지만 그것이 매일 반복되는 일이 되면, 먹는 행위는 더 이상 즐거움이 아니라 부담이 된다. 관심과 수입은 늘었을지 모르지만, 한때 기쁨이던 일상은 어느새 소모가 된다.

그래서 특별한 목적이 없다면, 평범한 삶을 살아가는 사람일수록 굳이 자신에게 콘셉트를 씌우지 않아도 된다. 콘셉트는 분명 도움이 될 때가 있다. '자기 계발'이라는 틀 안에 있으면 성장하는 사람처럼 보이고, '패션'이라는 이름 아래에 있으면 세련된 이미지가 만들어지기도 한다. 이런 변화 자체가 나쁜 것은 아니다. 다만 그것이 삶의 전부가 될 필요는 없다. 삶은 하나의 콘셉트로 설명되기에는 훨씬 더 넓고 복잡하기 때문이다.

문제는 콘셉트를 자신이라고 착각하는 순간이다. 그때 우리는 진짜 자신을 잃기 시작한다. 같은 이유로 누군가가 당신을 하나의 콘셉트로만 규정한다면, 그것은 당신이 다른 모습으로 존재할 권리를 조금씩 잃고 있다는 신호일지 모른다. 사람은 하나의 이미지로 고정되기엔 너무 많은 얼굴을 가진 존재이기 때문이다.

<h2 style="text-align:center">사람은 태그로 요약되지 않는다</h2>

우리가 타인에게 태그를 붙이는 일은 대개 편의를 위한 선택이다. 빠르게 분류하고, 시간을 아끼며, 상대를 이해했다고 느끼기 위해서다. 그러나 조금만 곰곰이 생각해 보면, 이 방식에는 분명한 한계가 있다. 사람은 어느 한 부분만으로 설명될 수 없는 존재다. 성향, 말투, 선택 하나마다 다르게 반응하며 살아가는 복잡한 사람을 몇 개의 '콘셉트'와 태그로 온전히 요약할 수 있을까.

콘셉트란 결국 우리가 타인에게 붙이는 이름이자, 동시에 타인이 나에게 씌우는 표식이다. 그 이름은 이해를 돕기도 하지만, 때로는 사람을 그 틀 안에 가두기도 한다. 그래서 자신의 콘셉트가 흔들린다고 여겨질 때, 사람들은 유난히 큰 소리를 특히 콘셉트를 통해 관심과 이익을 얻어온 공인일수록 그 이미지가 흔들리는 순간 가장 취약한 자리에 놓인다. 대중은 사실 그 사람에게 화를 내기보다는 스스로 속았다고 느끼는 감정에 분노한다. 아무런 개인적 관계도 없던 사람들이 한 개인의 콘셉트 변화에 과도하게 반응하는 이유 역시 여기에 있다.

물론 콘셉트가 때로는 사람을 더 나은 방향으로 이끌기도 한다. 어떤 이름은 스스로 단속하게 만들고, 어떤 표식은 삶에 동기를 부여하기도 한다. 그러나 그것은 어디까지나 하나의 수단일 뿐 삶의 전부가 될 수는 없다. 이 점을 분명히 인식하지 못한 채 콘셉트를 끝없이 키우다 보면, 어느새 삶 전체가 그 이미지에 잠식되고 만다. 주객이 뒤바뀌는 순간이다.

아무리 그럴듯한 콘셉트라 하더라도 결국은 몇 개의 긍정적인 수식어에 지나지 않는다. 인생이 이토록 다양하고 풍부한데 어찌 몇 마디 말로 온전히 담아낼 수 있겠는가. 콘셉트란 넓은 범위에서, 깊지 않은 관계에서 서로를 간단히 소개할 때나 적절하다. 마치 인적 사항을 전달하듯이 특별할 것 없는 정보다. 친밀한 관계에서 콘셉트는 오히려 가장 불필요한 것이 된다. 친밀함은 서로의 진실한 모습을 받아들이는 데서 비롯되기 때문이다. 사람을 빛나게 하는 것은 콘셉트가 아니라 가식 없는 모습이다.

인생의 진실 앞에서 우리는 어떻게 하면 더 그럴듯한 콘셉트를 만들 수 있을지 고민하기보다 지금의 나로 얼마나 솔직하게 행동할 수 있는지를 생각하는 편이 낫다. 진실하고 정직하게 존재하는 것 자체가 이미 하나의 확장이기 때문이다.

변명할수록
출구는 좁아진다

사람은 위기에 놓이면 본능적으로 자신을 변호하려 든다. 상황을 설명하려는 것처럼 보이지만, 실은 책임에서 한발 물러나기 위한 몸짓에 가깝다. 이를테면 누군가의 불륜은 쉽게 비난하면서도, 정작 같은 일을 자신이 저질렀을 때는 전혀 다른 이야기를 꺼낸다. 그 사랑이 얼마나 진심이었는지, 결혼 생활이 얼마나 고단했는지, 배우자가 얼마나 자신을 이해하지 못했는지를 나열한다. 그렇게 말하다 보면, 거의 예외 없이 자신은 가해자가 아니라 피해자의 자리에 서 있다. '피해자'라는 말은 책임을 덜어내기에 가장 손쉬운 방법이다. 하지만 그것이 정말 진실일까.

수년간 직장 생활을 하며 수많은 사람을 지켜본 끝에 나는 한 가지 경향을 자주 목격했다. 일이 잘 풀리지 않을수록 자신의 몫을 감당하기 어려울수록 우리는 변명을 먼저 찾는다. 문제가 생기면 "그건 내 잘못이 아니야."라는 말이 가장 앞에 나온다. "나도 어쩔 수 없었어.", "내 책임은 아니야.", "나는 피해자야."라는 생각이 그 뒤를 잇는다.

직장에서 우리는 모두 협력 관계에 놓여 있다. 어떤 문제가 생겼다면 그것은 대개 한 사람의 실수라기보다 여러 선택과 판단이 이어진 결과인 경우가 많다. 물론 직접적인 책임을 져야 할 사람이 있을 수도 있고, 상대적으로 책임이 적은 사람도 있을 것이다. 그러나 그렇다고 해서 첫 번째 책임자가 아니라면 아무 책임도 없다고 말할 수는 없다.

문제가 발생했을 때 중요한 것은 누가 잘못했는지를 먼저 가려내는 일이 아니다. 그보다 먼저 필요한 것은 이 상황을 어떻게 수습하고 해결할지를 생각하는 태도다. 그런데 누군가의 첫 반응이 책임을 나누는 것이 아니라 자신의 몫을 떼어내는 데 집중되어 있다면 이야기는 달라진다. "그건 내 일이 아니다.", "나는 관련이 없다."라는 말부터 꺼내면, 그 사람은 자신을 문제 밖으로 밀어내는 동시에 팀 안에서의 신뢰도 함께 밀어내게 된다. 이런 태도는 직급과 무관하다. 팀장이든, 팀원이든 마찬가지다. 문제 앞에서 가장 먼저 자신을 보호하려는 사람은 조직에서 쉽게 고립될 수 있다.

물론 그에게도 억울한 사정은 있을 수 있다. 그 점은 분명 고려되어야 한다. 그러나 회사의 책임자들은 유치원 교사가 아니다. 누군가를 불러 세워 잘잘못을 하나하나 따져 묻는 데 시간을 쓰지 않는다. 그들의 관심은 공정한 심판보다는 상황을 어떻게 정리하고 문제를 어떻게 가장 빠르고 효과적으로 수습할 것인가에 있다.

그래서 책임자들이 듣고 싶어 하는 말은 변명이나 해명이 아니라 해결의 방향이다. 지금 무엇이 잘못되었는지, 무엇을 먼저 바로잡아야 하는지, 그리고 같은 일이 반복되지 않기 위해 무엇을 할 수 있는지. 그 질문에 답할 수 있는 사람이 신뢰를 얻는다.

이 때문에 도덕적으로 썩 훌륭해 보이지 않는 사람이 계속 중요한 자리에 남아 있는 경우도 있다. 윗사람들 역시 그가 도덕적인 면에서 흠이 있다는 사실을 모르지는 않는다. 그럼에도 불구하고 회사가 그에게 기대하는 것은 모범적인 인격이라기보다 그가 만들어내는 성과와 효율, 그리고 결과이기 때문이다.

이런 장면을 볼 때, 많은 사람은 자연스럽게 불편함을 느낀다. 하지만 이 불편함에는 또 다른 이유가 섞여 있다. 우리는 흔히 자기 자신을 '나는 그래도 괜찮은 사람'이라고 생각한다. 그래서 문제가 생기면 원인은 늘 바깥에 있고, 나는 그로 인해 영향을 받는 쪽이라고 여기기 쉽다. 도덕성의 문제를 타인의 결함으로만 바라보는 태도 역시 그 연장선에 놓여 있다.

하지만 일상은 재판장이 아니다. 누구도 당신이 억울하다고 호소하며 공정한 판결을 내려달라는 말을 기다리지 않는다. 우리가 흔히 내미는 '좋은 사람'이라는 카드는 도덕적 우월감을 확인하는 것 외에는 실질적인 힘을 갖지 못한다.

이 허무한 우위를 내려놓아야 한다. 잘못을 인정하는 것, 책임을 지는 것, 때로는 가장 먼저 나서서 문제를 해결하는 것을 두려워하지 말아야 한다. 그래야 비로소 성장할 수 있고, 자신을 다듬을 기회를 더 많이 얻게 된다. 그렇지 않으면 나쁜 일들을 피해 갈 수는 있을지 몰라도, 좋은 일들 또한 당신에게 오지 않는다. 회사 안에서 결국 투명한 존재로 남게 될 뿐이다.

'나'에서 시작하는 질문의 한계

이유와 변명을 찾는 데 익숙해질수록 사람은 모든 일을 자연스럽게 '나'를 기준으로 바라보게 된다. 나를 중심에 두고 세상을 해석하다 보니 일이 뜻대로 풀리지 않을 때마다 원인은 늘 바깥에 있는 것처럼 느껴진다.

"나는 충분히 소통했는데, 왜 거래처는 나를 이렇게 힘들게 할까?"

"야근까지 했는데도, 왜 상사는 계속 나를 몰아붙일까?"

"내 제안서가 가장 설득력 있어 보이는데, 왜 선택받지 못했을까?"

하지만 여기서 말하는 '소통'은 어쩌면 '나는 무엇을 원한다'는 말을 반복한 데 그쳤을지도 모른다. 거래처가 협력을 제안하는 이유는 선의 때문이 아니라 그들 자신의 이익을 위해서다. 그리고 당신이 그 이익을 충족시킬 수 있을 것이라 판단했기 때문에 당신에게 손을 내민 것이다. 그래서 중요한 것은 내가 얼마나 애썼는지가 아니라 상대가 무엇을 기대하고 무엇을 필요로 하는가다.

야근을 했다는 사실 역시 마찬가지다. 중요한 순간에 핵심 문제를 해결하지 못했다면, 그 노력은 회사가 기대한 방향과 어긋났을 수 있다. 업무의 우선순위가 조직의 필요와 맞지 않았고, 오히려 흐름을 더디게 했을 가능성도 배제할 수 없다. 애쓴 시간의 길이가 아니라 어디에 힘을 썼는지가 문제다. 제안서가 그럴듯해 보였을지라도 투자 대비 수익을 충분히 고려하지 않았다면 결과는 달라질 수밖에 없다. 사장은 투자를 최소화하거나, 경우에 따라서는 아무런 투자도 하지 않기를 원했을지도 모른다. 그런 상황에서 제안이 받아들여지지 않는 것은 특별한 일이 아니다.

이 모든 상황에 공통으로 놓인 문제는 하나다. 당신이 이 조직에서 주변 사람들이 무엇을 필요로 하는지를 제대로 읽지 못하고 있다는 점이다. 당신은 계속해서 '내가 누구인지', '내가 무엇을 했는지'를 말한다. 그러나 그것은 상대에게 그다지 중요한 정보가 아니다. 상대가 알고 싶은 것은 오직 하나다. "당신은 나를 위해 무엇을, 얼마나 해 줄 수 있는가."

회사의 정리해고는 언제나 안타까운 일이다. 다만 그 과정에서 어떤 사람들이 먼저 대상이 되는지는 비교적 분명한 편이다. 스스로 문제를 해결하려는 힘이 부족하고, 상황의 핵심을 짚어내지 못하며, 조직에서 자신에게 기대되는 역할을 충분히 이해하지 못한 사람들이다.

확실히 많은 사람은 여전히 타인과 관계를 맺는 데서 다소 자기중심적인 단계에 머물러 있다. 자신을 타인의 반대편에 세워 두고, 쉽게 풀 수 있는 일마저 복잡하게 만들어 버린다. 관계가 어려워지는 이유는 대개 능력의 부족이 아니라 시선의 방향에 있다.

자기 인식에는 꾸준한 점검이 필요하다. 이는 마음 가는 대로 행동하거나 모든 상황을 자기 입장에서만 해석하라는 뜻이 아니다. 각기 다른 환경 속에서 자신에게 맞는 위치를 가늠하고, 그 자리에서 적절한 방식으로 자신을 드러내는 일이다. 만약 누군가가 지나치게 '내가 누구인지', '내가 무엇을 원하는지'만을 앞세운다면, 이미 충분한 자원과 선택지를 갖고 있어 그 태도를 감당할 수 있는 경우가 아니라면 그 관계와 일에서 난관을 만나기 쉽다.

이유를 대고 책임을 비켜 가려는 습관은 내려놓아야 한다. 문제를 피하지 않고 마주하겠다고 선택하는 순간, 비로소 배울 수 있는 공간이 열린다.

자신을 '외딴섬'에
떨어뜨리지 마라

___________ **감정을 흘려보내는 방식**

어느 날 카페에서 업체 사람과 업무 이야기를 나누고 있는데, 오랫동안 만나지 못했던 친구 S와 우연히 마주쳤다. 같은 도시에 살면서도 이렇게 오래 얼굴을 보지 못한 데에는 이유가 있었다. 그녀는 임신과 출산을 겪으며 코로나 시기 내내 친정에 머물렀고, 얼마 전에야 다시 이곳으로 돌아온 참이었다. 그렇게 우연히 마주치지 않았다면, 나는 그녀가 여전히 그곳에 있는 줄로만 알았을 것이다.

함께 앉아 지난 시간을 천천히 되짚다 보니 우리는 자연스럽게 한숨부터 내쉬게 되었다. 경제 위기와 중년의 위기, 그리고 코로나가 한꺼번에 밀려왔기 때문이다. 그녀에게 임신 기간은 특히 버거운 시간으로 입덧이 심할 때는 집 밖으로 나갈 힘조차 남아 있지 않았다는 것이다. 아이를 낳은 뒤로는 단 한 번도 제대로 잠을 자본 적이 없다고 했다.

아마 이것은 많은 여성이 산후 우울감을 겪는 중요한 이유 중 하나일 것이다. 출산 이후 몸의 변화가 크고, 예전처럼 감정을 조절하기가 쉽지 않다. 극심한 피로까지 겹치면서 가장 가까운 사람인 배우자와도 마음이 어긋나기 쉽기 때문이다. 출산은 여성에게 몸과 마음이 동시에 크게 흔들린다. 그때의 두려움과 고통을 아무리 설명해도, 직접 겪지 않은 사람에게는 쉽게 와닿지 않을 것이다. 몇 마디 말로는 다 담기지 않는 시간이라 그 마음은 종종 혼자 감당해야 하는 몫이 되곤 한다.

그녀는 마음과 달리 몸이 끝내 따라주지 않았고, 그 사이 삶은 점점 엉망이 되어 갔다. 급기야 자신의 목숨을 내려놓고 싶다는 생각까지 스치자 결국 정신과에서 정기 상담을 받기 시작했고, 그제야 서서히 회복되며 삶에 대한 믿음과 친구들과의 교류를 조금씩 되찾을 수 있었다.

그녀를 가장 당황하게 만든 것은 의외로 주변 사람들의 반응이었다. 많은 사람이 그녀의 상황을 헤아리기보다 오히려 부러워하고 있다는 사실이었다. 도심에 살고 있고, 가정은 안정돼 보이며, 부부 모두 직장이 있고 수입도 괜찮고, 아이까지 있으니 겉으로 보기에는 부족한 것이 없어 보였기 때문이다.

그 이야기를 들으며 나는 피식 웃음이 나와 이렇게 말했다.

"그러니까. 사람들은 늘 서로를 부러워해. 남들은 다 쉽게 살고, 자기보다 훨씬 잘사는 것처럼 보이잖아."

며칠 전 라이브 방송에서 여성의 인간관계에 대해 이야기한 적이 있다. 여성들에게 인간관계는 단순한 교류를 넘어 감정과 생각이 막히지 않고 흘러가도록 돕는 통로이다. 대화 속에서 자신의 마음을 정리하고, 그 과정을 통해 위로와 회복을 경험한다. 그래서 관계의 단절은 여성들에게 더 큰 고립감으로 다가오기도 한다.

여성들은 비교적 감정이입과 공감에 익숙한 편이다. 상대의 경험을 들으면서 동시에 자신의 마음을 돌아보고, 때로는 그 이야기에 자신의 감정을 겹쳐 말하기도 한다. 이런 과정은 그들에게 하나의 스트레스 해소 방식이 된다. 말하고 듣는 사이에 마음속에 쌓여 있던 긴장이 조금씩 풀리고, 흐트러졌던 감정도 정리된다. 이는 사람들이 인생 역전의 드라마를 보며 위안을 얻고, 자신의 삶을 잠시 다른 각도에서 바라보게 되는 것과 비슷하다. 이야기를 통해 마음이 움직이고, 그 움직임이 삶을 다시 이어가게 만든다.

그러나 인간의 본성은 남자와 여자 모두 크게 다르지 않다. 누구에게나 취약한 부분이 있고, 동시에 밝고 긍정적인 면도 존재한다. 다만 우리 문화는 여성의 '약함'을 여성다움이나 섬세함으로 받아들이는 반면, 남성의 '약함'은 곧바로 무능함으로 규정해 왔다. 그렇게 우리는 남녀를 필요 이상으로 갈라놓았다.

나는 친구들에게 긍정적인 사회적 교류의 필요성을 강조하곤 한다. 사람에 따라 교류 자체가 부담스럽게 느껴질 수도 있지만, 서로에게 무리가 되지 않으면서 삶의 균형을 잡아주는 관계는 분명 필요하다. 물론 사회적 관계에서 소모감만 느끼고, 얻는 것은 없으며 좌절이 반복된다면, 그 관계에서 멀어지고 싶어지는 마음도 당연하다. 이로 인한 피로는 관계 자체의 문제라기보다 시간과 에너지가 제대로 쓰이지 못하고 있다는 신호다.

관계는 저절로 이어지기보다 시간을 들이고 마음을 보태며 조금씩 만들어 가는 것이다. 그렇게 쌓인 교류가 어느 순간 정으로 바뀌면, 그것은 단순한 인연을 넘어선다. 기운이 빠졌을 때 다시 일어설 힘을 주고, 삶이 버거울 때 등을 살짝 밀어주는 하나의 배터리처럼 작동한다.

우리는 사회적 교류를 통해 더 많은 정보와 타인의 시각, 그리고 기쁨과 슬픔을 함께한다. 그것은 단순히 보고 듣는 경험에 그치지 않는다. 그런 만남 하나하나가 우리 안에 작은 깨달음으로 남는다. 자신보다 훨씬 어려운 상황에서도 포기하지 않고 버티며 다시 위로 나아가려는 사람을 보며 말없이 큰 격려를 받기도 한다.

기쁨과 슬픔은 혼자서만 완성되지 않는다. 그것은 사람과 사람 사이를 오가며 흐를 때 살아 있는 감정이 된다. 그래서 우리는 타인의 고통 앞에서 연민을 느끼고, 그 긴 터널 끝에 작은 기쁨이 찾아오면 진심으로 함께 기뻐할 수 있다.

만약 스스로를 '외딴섬'에 가두어 버린다면, 이런 감정들은 점점 느끼기 어려워진다. 세상 한가운데 살아가고 있으면서도 사람의 온기와 삶의 생기를 느끼지 못한다면, 길고 때로는 버거운 인생을 무엇으로 견뎌야 할까. 결국 사람은 사람 속에서 다시 살아갈 힘을 얻는다.

균형을 지키기 위한
작은 완충 장치들

________ **침묵은 중립이 아니라 방관이다**

고부 갈등은 드라마에서나 나오는 이야기처럼 보이지만, 현실에서도 낯설지 않게 반복된다. 그 이유는 의외로 단순하다. 시어머니와 며느리는 기본적으로 서로에게 '남'이기 때문이다. 또한 아무런 접점이 없는 남이었다면 갈등이 생길 이유도 없겠지만, 서로의 삶에 깊숙이 관여하고, 때로는 견제하고 간섭하려 드는 남이라는 점에서 긴장은 쉽게 높아진다.

부모와 자식 사이에도 갈등은 있다. 그러나 그들은 남이 아니기에 한차례 크게 부딪힌 뒤에도 다시 돌아올 여지가 있다. 관계를 완전히 끊지 않아도 되는 정서적 기반이 있기 때문이다. 반면, 고부 관계에서는 그런 복원력이 쉽지 않다. 갈등이 깊어질수록 거리는 더 벌어지고, 최악의 경우 그 여파가 부부 관계를 무너뜨려 이

혼으로까지 이어지기도 한다.

고부 갈등이 격화될 때마다 반복해서 드러나는 문제는 따로 있다. 중간에서 조정자 역할을 해야 할 남편, 혹은 아들이 두 여성 사이의 미묘한 관계를 정리하거나 균형을 잡으려 하지 않은 채, 그저 한발 물러서서 지켜보기만 한다는 점이다. 이를 사소한 감정 문제로 바라보기도 한다. 그러나 그렇게 방치된 갈등은 차곡차곡 쌓여 원망이 되고, 언제 터질지 모르는 상태로 굳어간다. 사태가 걷잡을 수 없게 되었을 때야 나선 남자는 문제를 해결하기는커녕 자신 또한 피해자의 자리에 서게 된다. 이런 장면은 드라마 속 설정이 아니라 현실에서 반복되어 온 익숙한 풍경이다.

자녀가 많은 가정에서 아이들 사이의 분위기가 얼마나 안정적인지는 부모가 그 관계를 얼마나 세심하게 살폈는지와 연관된다. 갈등이 생겼을 때 중재자에 선 사람은 반드시 '칸막이' 역할을 해야 한다. 감정이 더 번지기 전에 양쪽을 잠시 떼어 놓고, 흥분을 가라앉히며, 관계가 다시 이어질 수 있도록 완충 장치가 되어주는 일이다. 만약 중재자가 이 역할을 제대로 하지 못하면 갈등은 해결되지 않은 채 쌓이고, 모두가 손해를 보는 방향으로 흘러갈 수 있다. 그렇게 되면 문제는 단순한 다툼을 넘어 훨씬 더 복잡하고 심각한 상태로 굳어지기 쉽다.

균형을 잡고 칸막이를 세우는 일은 쉽지 않다. 그 일에는 많은 시간과 에너지, 그리고 무엇보다도 정성이 필요하다. 우리가 어떤 감정이나 의견을 표현했을 때, 상대가 그것을 의도한 그대로 받아들이고 불필요한 오해가 생기지 않는다면 가장 이상적일 것이다. 그러나 현실에서 그런 소통은 드물다. 말과 마음이 상대에게 온전히 전해지는 경우는 많지 않고, 상당 부분은 왜곡되거나 오해로 남는다. 그럴수록 대화는 더 어려워진다. 오해를 풀기 위해 같은 말을 반복하다 보면 감정과 힘이 먼저 바닥나기 때문이다.

친밀할수록 더 필요한 감정의 브레이크

소통을 잘한다는 것은 단지 누구와도 무난하게 지내는 능력을 뜻하지 않는다. 사람마다 다른 온도와 리듬을 읽어내고, 그에 맞춰 관계의 방식을 조정할 줄 아는 능력이라 할 수 있다. 상대의 말투와 감정의 결을 헤아리며 스스로 표현을 조율하는 일은 단순하지 않다. 오히려 이는 경험과 성찰, 그리고 꾸준한 연습이 쌓여야 가능하다.

하지만 가정이든 사회든, 어떤 단체든 사람이 모이는 곳에는 반드시 소통이 필요하다. 그리고 소통이 있는 곳에는 오해와 갈등이 생길 수밖에 없다. 만약 우리가 그것을 완전히 막을 힘이 없다면 차선책을 선택해야 한다. 갈등이 발생했을 때 완충 장치를 두어 피해를 줄이는 것이다. 사람은 각자의 위치에서 '칸막이'의 역할을 해야 한다.

다양한 상황에서 균형을 유지하고 싶다면 우리는 스스로 칸막이가 되거나 그것을 세울 줄 알아야 한다. 그 사이에서 부딪히는 감정을 완화하고, 관계의 충돌을 부드럽게 조정해야 한다.

이는 양쪽이 직접 마주하는 관계에서도 마찬가지다. 이때 필요한 태도는 '거기까지만'이다. 상대를 끝까지 몰아붙이는 대신에 일정한 선에서 멈출 줄 아는 감각이다. 내 말이 옳은지의 여부와 상관없이 상대의 체면을 지켜주는 일 또한 관계를 지속하게 만드는 중요한 매너다.

흥미로운 점은 일반적인 사회적 관계에서는 이런 '거기까지만'이 비교적 잘 지켜진다는 것이다. 이해관계가 오가는 자리에서는 자연스럽게 브레이크를 밟는다. 하지만 친밀한 관계에서는 그렇지 않다. 마치 자신의 감정을 수십 배로 증폭시켜 상대에게 쏟아부어야만 분노를 표현할 수 있다고 믿는 것처럼 행동한다. 이런 방식은 감정을 크게 상하게 하고, 나아가 상대의 자존감에 깊은 상처를 남길 수 있다. 어떤 상처는 회복되지만, 어떤 상처는 그렇지 않다. 내가 '거기까지만'을 강조하는 이유는 우리가 감정에 휩쓸려 돌이킬 수 없는 상처를 남기는 일을 막기 위해서다.

우리는 타인과 관계를 맺을 때 마음속에 적당한 거리와 경계를 세울 줄 알아야 한다. 생각나는 대로 말하고 행동하는 것을

솔직함이나 호방함으로 착각해서는 곤란하다. 특히 나이가 들수록 사람 사이의 미묘한 선을 읽는 감각은 무뎌지기 쉽다. 그 결과 의도와는 달리 반복해서 미움을 사고, 어느 순간 주변에서 점차 거리를 두게 되기도 한다. 그럼에도 그런 사람들은 종종 이렇게 말한다.

"나는 네가 잘되라고 하는 말이야."

하지만 맥락을 헤아리지 않은 채 내뱉은 말은 아무리 좋은 의도를 내세운다 하더라도 상대에게는 배려가 아닌 공격으로 느끼기 쉽다. 자기 마음만 시원하면 된다는 태도는 관계를 소모시키는 방식일 뿐이다. 그런 말이 상처와 반감을 남기는 것은 어쩌면 너무도 당연한 일이다.

내향적인 사람도
잘 표현할 수 있다

나는 오프라인 홍보 활동과 라이브 방송, 영상과 음성 작업을 오랫동안 이어오고 있다. 겉으로 보기에는 익숙해진 일처럼 보이지만, 매번 시작할 때마다 반복되는 순간이 있다. 막 시작한 첫 몇 분 동안 이유를 정확히 짚기 어려운 긴장으로 머릿속이 갑자기 비어 버리는 것이다. 말은 멈추지 않고 흘러가는데, 생각은 한 박자 늦게 따라오는 느낌이다. 내가 한 말을 내가 듣고 있는 듯한, 약간은 떨어져 있는 감각. 그렇게 2~3분이 지나서야 비로소 생각과 말이 다시 맞물리고, 그제야 나 자신으로 돌아온다.

이런 순간은 시작할 때만 찾아오는 것이 아니다. 활동이 한창 무르익은 중간에도 예고 없이 나타난다. 조금 전까지는 비교적 안정적으로 말을 이어가고 있었는데, 어느 순간 갑자기 생각의 흐름이

끊기며 머릿속이 하얘진다. 그때의 나는 잠시 숨이 멎은 사람처럼 느껴진다. 당황하지 않는다고 하면 거짓말일 것이다. 다만 겉으로는 아무 일도 없는 얼굴로 서서 다시 말과 생각이 맞물리기를 기다리며 조심스럽게 버틸 뿐이다.

활동이 끝나면 관객이나 스태프들은 종종 "정말 좋은 강의였습니다."라고 말해 준다. 그 말을 들을 때마다 나는 그들이 내 이런 '멈춤'을 눈치채지 못했거나, 혹 알아챘더라도 굳이 입에 올리지 않았을 것이라 짐작한다. 만약 누군가가 내게 스스로 강의를 잘한다고 생각하느냐고 묻는다면, 나는 성과나 평가보다 먼저 내가 원래 어떤 사람인지부터 이야기하고 싶다.

내 성장 과정에서 유독 선명하게 남아 있는 사건이 하나 있다. 중학생 시절의 일이었다. 내가 다녔던 학교는 기숙학교였고 휴가는 한 달에 한 번뿐이었다. 다른 아이들과 달리 우리 집은 다른 도시에 있어 버스를 타고 두 시간 반가량을 이동해야 했다. 그 무렵의 버스는 지금처럼 배차가 일정하지 않아 사람이 몰리면 숨이 막힐 만큼 붐비는 일이 잦았다.

어느 날, 만원에 가까운 버스 안에서 옆 사람이 내 발을 밟았다. "죄송한데 지금 제 발을 밟으셨어요." 그 한마디면 충분했을 텐데 나는 끝내 입을 열지 못했다. 말이 떠오르지 않은 것도, 상황을 이해하지 못한 것도 아니었다. 다만 도저히 말할 용기가 나지 않았다. 결국 그 사람이 버스에서 내릴 때까지 나는 계속 발을 밟힌 채 서 있어야 했다. 이 일을 나중에 친구들에게 털어놓자, 친구들은 웃으며 말했다.

"바보 아니야?"

돌이켜 보면 정말 어리숙한 행동이었다. 하지만 나는 그때의 나를 또렷하게 기억한다. 그 시기의 나는 타인과 어떤 관계도 맺고 싶지 않았고, 인사 한마디조차 건네고 싶지 않았다. 자폐라고 부를 수는 없겠지만, 분명 나 자신을 단단히 닫아건 채 세상과 거리를 두고 있었다.

그런 상태는 스무 살이 넘어서도 크게 달라지지 않았다. 한번은 부모님이 가까운 지인의 생신 자리에 함께 가자고 하셨는데, 나는 끝까지 거부하다가 결국 크게 혼이 났고 울음까지 터뜨렸다. 지금 생각하면 조금 우스꽝스럽고 어딘가 엉뚱한 면처럼 느껴지기도 한다. 그러나 그때의 나는 분명 그런 사람이었다. 나는 스물일곱, 스물여덟 살이 되어서야 비로소 아주 조금씩, 나 자신을 열기 시작했다.

_______________ 평가보다 앞서는 기준

이제 다시 앞서의 질문, "자신이 강의를 잘했다고 생각하시나요?"로 돌아가 답한다면, 나는 이렇게 말할 것이다.

"꽤 잘했다고 생각해요. 입은 뗐으니까요."

강의 내용이 얼마나 일관되었는지, 중간에 빠뜨린 부분은 없었는지, 말의 리듬은 어땠는지, 관객과의 호흡은 어땠는지 같은 문제들은 강의가 끝난 뒤 차분히 돌아보며 연습을 통해 충분히 보완해 나갈 수 있다. 그러나 나에게 가장 중요한 기준은 다른 데 있다. 나는 원래 그런 사람이었고, 그럼에도 많은 낯선 사람들 앞에서 입을 열어 말을 했다는 사실이다.

내향적이고 사회적 교류를 선호하지 않으며, 낯선 사람과 관계 맺는 일을 부담스러워하는 사람들은 적지 않다. 이는 성장 과정이나 교육 환경, 혹은 타고난 성향과도 무관하지 않을 것이다. 그러나 우리는 이미 알고 있다. 내향적인 사람들 역시 마음속에 많은 생각을 품고 있으며, 적절한 환경과 신뢰할 수 있는 대화 상대가 주어질 때는 자기 생각을 나누고 싶어 한다는 것을. 문제는 상대가 자신에게 편안하고 안전하다고 느껴지는 사람인가에 있다.

하지만 대중 앞에서 그것도 수많은 낯선 사람들 앞에서 말을 해야 할 때는 우선순위가 달라진다. 나를 어떻게 보호할지, 다른 사람들이 나를 어떻게 평가할지, 말하기 실력이 어떠한지보다 먼저 생각해야 할 것은 내가 무엇을 말해야 하는지, 그리고 그것을 어떻게 하면 가장 온전히 전달할 수 있을지다. 이는 기술의 문제가 아니라 심리적 집중과 우선순위의 문제다.

다른 것들에 신경을 쓰기 시작하면 우리는 결코 편해질 수 없다. 타인의 반응과 평가에 기대어 말하게 되는 순간, 말의 시작과 끝을 타인의 채점표에 맡기게 되기 때문이다. 그런 상태에서 긴장하지 않는 것은 거의 불가능하다.

반면, 내가 전달해야 할 내용에 집중하면 이야기가 나아가야 할 방향이 분명해진다. 사전에 충분히 준비하고 정리해 두었다면, 내가 무엇을 말하고 무엇을 나누려 하는지도 자연스럽게 또렷해진다. 그렇게 준비가 쌓이고 경험이 더해지면, 말은 어느 순간부터 힘을 들이지 않아도 흐르듯 이어지기 시작할 것이다.

두 경우의 차이는 마음이 무엇을 중심에 두고 움직이느냐에 있다. 전자는 사람을 의식하며 움직이기 때문에 끊임없이 타인의 피드백을 필요로 한다. 그러나 그 피드백은 본질적으로 내가 통제할 수 없는 영역에 속한다. 반면, 후자는 일 자체를 중심에 두고 움직이기에 최선을 다했는지, 어디를 더 다듬어야 하는지는 당사자가 가장 잘 알고 있다. 이를 '표현'이라는 말로 풀어 보면, 표현은 단지 대중 앞에서 말을 하는 행위에만 국한되지 않는다. 자신의 작품일 수도 있고, 생각이나 계획, 혹은 타인과 나누고 싶은 어떤 마음일 수도 있다. 사람이 세상과 접속하는 방식 대부분이 표현의 형태를 띤다.

어떤 사람이 자신이 잘하는 일을 할 때 유난히 매력적으로 보이고, 목표에 깊이 몰입해 있을 때 특히 용감해 보인다. 이는 내가 좋아하고 익숙한 영역에서 자신을 가장 온전히 드러낼 수 있기 때문이다. 이때 자신의 태도와 언행, 표정은 주변 사람들에게도 자연스럽게 전해진다.

자아가 어느 정도 자리 잡으면 우리는 애써 결심하지 않아도 자신을 드러낼 용기를 갖게 된다. 어떤 일을 중요하게 여기고, 그 일에 대해 충분히 생각하고 느끼며, 그것을 더 많은 사람과 나누고 싶다고 느끼는 순간 표현에 대한 두려움은 한발 물러선다.

용기는 만들어내는 것이 아니라 의미를 만났을 때 따라오는 것이다. 그래서 우리는 흔히 '나는 내향적이니까 표현을 두려워한다'고 말하지만, 내향적인 사람 역시 충분히 잘 표현할 수 있다. 다만 그 표현은 자신에게 의미 있는 대상과 방향을 만났을 때 비로소 가능해진다.

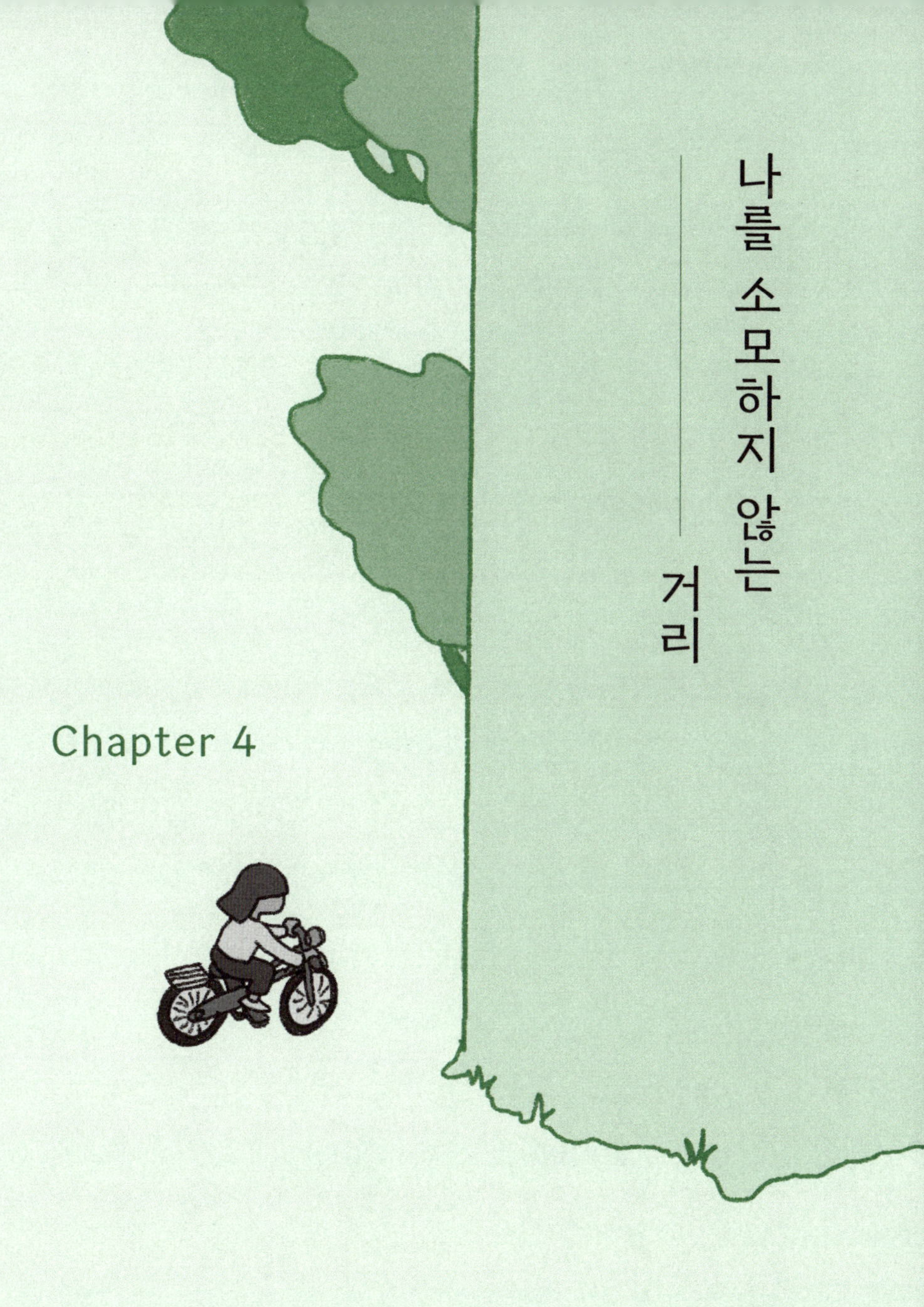

나를 소모하지 않는
거리
Chapter 4

모든 관계와 상황에 끝까지 머무를 필요는 없다. 때로는 한발 물러나는 선택이 가장 성숙한 판단이 되기도 한다. 이 장에서는 무례해지지 않으면서도 분명하게 선을 긋는 방법을 다룬다. 경계를 세운다는 것은 상대를 밀어내는 일이 아니라, 더 이상 자신을 소모시키지 않겠다는 자기 보호다. 이러한 선택이 반복될 때, 삶의 무게는 조금씩 가벼워진다.

조용히 물러나는 것도
하나의 존중이다

예전에 함께 일했던 H 선생님의 생일이 떠올라 안부 인사를 전하려다 그의 친구 목록에서 내가 이미 사라졌다는 사실을 알게 되었다. 그 사실을 알게 된 회사 동료가 나를 위로하려 했지만, 나는 괜찮다고 말했다. 애써 참는 말이 아니라 정말로 그랬다. 특별히 위로가 필요한 일처럼 느껴지지 않았기 때문이다.

누군가가 나를 친구 목록에서 삭제했다는 것은 내가 더 이상 그 사람의 일상에 중요한 자리에 있지 않다는 뜻일 뿐이다. 그렇다고 해서 내가 그를 존중해 왔던 마음까지 부정되는 것은 아니다. 그 마음이 진심이었다면, 그것은 그 자체로 이미 역할을 다한 것이다. 이는 내 삶의 방향을 바꾸거나 감정을 오래 흔들 만큼의 사건은 아니었다.

　비슷한 경험을 한 사람들은 주변에서 어렵지 않게 만난다. 누군가에게 갑자기 삭제당하면, 사람들은 흔히 '몸이 멀어지면 마음도 멀어진다'며 세상이 차가워졌다고 말한다. 하지만 나는 그렇게까지 느끼지 않는다. 오히려 이것은 관계의 변화가 더 이상 숨겨지지 않고 드러나는 비교적 솔직한 방식에 가깝다고 생각한다.

　우리는 휴대전화 속에 얼굴조차 선명히 떠오르지 않는 이름들을 수십, 수백 개씩 저장해 두고 있다. 그 모든 사람을 소중히 여겨서라기보다 누군가를 지우는 사람이 되고 싶지 않아서, 혹은 그 사실이 알려져 불필요한 오해를 살까 염려해서일 때가 많다. 하지만 그 목록에는 사실상 다시는 관계가 이어지지 않을 사람들이 적지 않다는 것도 우리는 이미 알고 있다.

　그 안에는 예전에 함께 일했던 사람들, 심지어 한때는 꽤 가까웠다고 느꼈던 이들도 포함되어 있다. 연락의 빈도가 줄고, 안부를 묻는 일도 사라지면서 관계는 서서히 멀어진다. 어느 순간부터는 특별한 갈등 없이도 그저 아무런 교류가 없는 상태가 된다.

　긴밀한 관계란 생각보다 많은 에너지와 시간을 필요로 한다. 꾸준한 관심과 소통이 없으면 유지되기 어렵다. 그래서 우리가 끝까지 깊은 관계로 남을 수 있는 사람은 많지 않다. 대부분의 관계는 솔직히 말해 '있어도 되고 없어도 되는' 위치에 머문다. 그렇다면 휴대전화에서 이름 하나가 사라졌다고 해서 그 일에 지나치게 의미를 부여할 이유도 크지 않다.

　나는 삭제를 마치 모욕처럼 받아들이고, 그 감정을 수치심이나 분노로 키워가는 사람들을 본 적이 있다. 그들이 하소연할 때면 나는 조심스럽게 묻곤 한다. 그 관계를 이어주던 것이 감정이었는지, 이해관계였는지, 아니면 단순한 관성이었는지 말이다. 곰곰이 돌아보면, 많은 관계는 이미 오래전에 제 역할을 마쳤거나, 어느 쪽에도 분명히 놓여 있지 않은 경우가 많다. 그렇다면 그 거리가 멀어지는 일이 정말 그렇게까지 큰 사건일까. 한 친구가 이런 말을 한 적이 있다.

"자존심이 강한 사람일수록 자신감은 약하더라."

　이 말은 생각보다 많은 경우에 들어맞는다. 우리는 자존감을 자주 이야기하지만, 그 바탕에 자신감이 놓여 있다는 사실은 의외로 간과한다. 마음속에 일정한 자신감이 자리 잡고 있어야 사람은 침착해질 수 있고, 타인의 반응에도 불필요하게 흔들리지 않는다. 그런 상태에서 비로소 평화롭고 너그러운 태도가 가능해진다. 그것이 우리가 말하는 자존감에 가장 가까운 모습일 것이다.

　그러나 현실에서는 자존감을 '타인이 나를 어떻게 평가하는가', '내가 얼마나 중요하게 대우받는가'로 오해하는 경우가 많다. 충분히 존중받지 못했다고 느낄 때면 우리는 쉽게 모욕을 떠올리고, 그 감정은 곧 분노로 이어진다. 하지만 이는 성숙한 태도라고 보기는 어렵다. 자존감은 타인의 시선으로 증명되는 것이 아니라 자신에 대한 신뢰에서 비롯되기 때문이다.

나이 든 사람과 젊은 사람 사이의 가장 큰 심리적 차이는 아마 여기에 있을 것이다. 나이 든 사람들은 매사에 침착해지기 위해 무엇을 더 얻기보다 무엇을 내려놓을지를 연습한다. 반면, 젊은 사람들에게 '내려놓는 연습'을 권하기는 쉽지 않다. 아직 뚜렷한 결과가 없더라도, 예상과 다른 결말을 맞이하더라도, 그들에겐 여전히 에너지가 넘치기 때문이다. 때로는 물 쓰듯 시간을 쓰고, 돈을 쓰고, 마음을 쓰기도 한다. 어쩌면 그런 거침없는 태도 덕분에 젊음이 더 생생하게 느껴지는지도 모른다.

나이가 들수록 삶은 한가해지기보다 오히려 더 바빠진다. 해야 할 일은 줄지 않고, 책임은 겹겹이 쌓인다. 어느 순간부터는 인생이 언제든 되돌릴 수 있는 길이 아니라 이미 꽤 멀리 와버린 길이라는 사실도 실감하게 된다. 예전처럼 마음먹은 대로 버티거나 맞서는 일 역시 쉽지 않다. 그런데도 계속해서 '왜 내려놓아야 하느냐'고 묻게 되면, 삶은 점점 더 무거워진다. 내려놓음은 포기와 다르다. 그것은 더 이상 감당하지 않아도 될 것을 가려내는 선택이라 할 수 있다. 무엇을 계속 안고 갈지, 무엇을 이제는 내려둘지를 스스로 판단하고 결정하는 일이다.

우리에게 그다지 중요하지 않은 사람이나 일을 뒤로 미루고, 나아가 관계를 정리하기로 결심하는 것은 무책임함이 아니라 '자기보호'다. 더 이상 감흥이 없는 대상에 끌려다니며 불필요한 소모를 반복하지 않겠다는 판단이기 때문이다. 이 과정에서 필요한 것은 멈추는 선택을 쉽게 포기로 몰아가거나, 끝까지 버티는 것만을 미덕처럼 요구하는 목소리에 휘둘리지 않는 태도다. 자신의 한계를 인정하고, 삶의 방향을 스스로 정하려는 용기라고 말해도 무방할 것이다.

거절이 곧 모욕으로 받아들여질 때

몇 년 전, 한 협력업체와 프로젝트를 논의하던 중 상대의 제안서를 검토한 뒤 협업을 진행하지 않기로 결정한 일이 있었다. 그 과정에서 상대는 다소 격앙된 반응을 보였다. 제안서를 정말 제대로 검토한 것이 맞느냐고, 수많은 제안 가운데 함께할 만한 부분이 하나도 없느냐고, 혹시 자신을 무시하는 것은 아니냐고 연이어 질문했다. 그 반응은 상황에 비해 과도하게 느껴졌다.

나는 그에게 어떤 개인적인 감정도 없었고, 압박을 가하거나 특혜를 요구한 적도 없었다. 단지 내 업무 기준에 따라 협업 여부를 판단했을 뿐이다. 나에게는 비교적 객관적인 선택이었지만, 상대에게는 그것이 모욕으로 받아들여졌던 것이다. 이런 상황을 나는 적지 않게 겪어왔다. 그래서 이런 유형의 사람들을 유난히 다루기 어렵다고 느끼기보다 오히려 건강한 마음을 가진 사람이 얼마나 드문지를 실감하게 되었다. 진정한 자신감과 내적 안정감을 지닌 사람은 생각보다 많지 않다. 그것은 겉으로 드러나는 성공 여부나 사회적 위치와는 크게 관련되지 않는다. 건강한 마음은 지위나 직급에서 비롯되지 않는다. 오랜 시간에 걸쳐 쌓인 안정감과 타인을 향한 여유에서 비롯된다. 그래서 나는 우리가 사람들에게 끊임없이 성공을 재촉하기보다 먼저 마음을 건강하게 가꾸는 법을 권하는 사회가 되는 편이 더 낫다고 생각한다.

관계는 언제나 같은 방향으로 흐르지 않는다. 우리는 내가 어떤 사람에게 마음의 일부분을 크게 내어주고 있다면, 상대 역시 그에 가까운 정도로 나를 돌아봐 주길 기대한다. 그러나 현실에서는 내가 많은 마음을 쏟는 동안, 상대는 훨씬 적은 몫만 내어주거나 아예 관심을 두지 않는 경우가 더 흔하다. 관계의 무게가 이렇게 한쪽으로 기울어질 때, 마음을 쉽게 내려놓지 못하는 것도 자연스러운 일이다.

예전의 나는 이런 상황에서 관계의 균형을 맞추는 일이 중요하다고 생각했다. 서로 비슷한 만큼 주고받는 법을 배우는 것이 성숙한 관계라고 여겼다. 그러나 시간이 지나면서 많은 관계는 애초부터 완전히 평등하지 않다는 사실을 받아들이게 되었다. 그래서 이제는 관계를 억지로 맞추려 애쓰기보다 불균형 속에서도 나 자신을 지나치게 소모하지 않고 비교적 편안히 머물 수 있는 기준을 세우는 일이 중요하다고 생각한다.

'가난'으로 치부를
가리려고 하지 마라

__________ **사랑의 실패를 가난으로 돌리는 서사**

나는 사람들의 연애 이야기를 들으며 반복해서 비슷한 말들을 접해 왔다. 특히 과거의 관계를 돌아보는 남성들 가운데에는 이별의 이유를 이렇게 정리하는 경우가 적지 않다.

"그때는 형편이 너무 어려웠지."

이 말은 사랑이 끝난 원인을 관계 안에서 찾기보다 경제적 조건이라는 바깥의 사정으로 옮겨 놓는다. 그렇게 말하는 순간 관계의 실패는 개인의 미숙함이나 감정의 엇갈림이 아니라 불운한 상황의 결과가 된다. 동시에 떠난 사람은 현실적이었고, 물질에 흔들린 인물로 그려진다.

이 설명은 듣는 이에게도, 말하는 이에게도 편안한 자리를 마련해 준다. 가난 때문에 사랑을 잃은 사람은 쉽게 동정받을 수 있고,

상처는 부끄러운 실패가 아니라 어쩔 수 없는 사연으로 정리된다. 관계에서 자신이 어떤 태도를 보였는지, 무엇을 놓쳤는지는 굳이 들여다보지 않아도 된다.

하지만 실제로 사랑이 끝나는 이유는 그렇게 단순하지 않다. 경제적 여건은 관계의 한 조건일 수는 있어도, 결정적인 원인인 경우는 드물다. 사랑이 무너진 자리에는 대개 말로 설명되지 않은 감정의 불균형, 반복된 실망, 서로를 이해하지 못한 시간이 남아 있다. 돈보다 훨씬 오래 쌓인 문제들이다.

관계가 오래 지속될수록 문제는 경제력보다 삶을 대하는 태도에서 드러나는 경우가 많다. 불안한 상황 앞에서 의연함을 보이는지, 책임은 어떻게 나누는지, 미래에 대한 비전이 있는지가 관계의 무게를 결정한다. 상대가 떠난 이유는 가난 그 자체가 아니라, 그 가난을 둘러싼 태도와 정서였을 가능성이 크다.

사람들은 반드시 풍요로운 삶을 원해서가 아니라 함께 있어도 긴장하지 않아도 되는 편안함을 원한다. 매번 설명해야 하고, 기다려야 하고, 자신을 조심스럽게 낮춰야 하는 관계는 시간이 지날수록 숨이 막힌다. 사랑이 식어서가 아니라 사랑을 유지하기 위해 감당해야 할 부담이 너무 커졌을 때 떠난다.

사랑은 돈으로 시작되지 않지만 삶은 함께 운영할 수 있다는 '신뢰'에서 유지된다. 그리고 그 신뢰는 통장의 숫자보다 태도, 말의 무게에서 비롯된다. 떠난 이유를 외부 조건으로만 돌리기 시작할 때 관계에서 배워야 할 지점을 놓치게 된다.

그녀가 당신 곁에서 보았던 것은 가난 그 자체라기보다 어쩌면 여전히 하루를 소비하며 살아가는 사람이었을지 모른다. 책임은 늘 나중으로 미뤄지고, 삶의 의지는 좀처럼 보이지 않는다. 그런 사람을 앞에 두고 상대가 오랜 시간을 기꺼이 기다릴 수 있을까?

여성들은 감정, 특히 관계가 향하는 방향과 그 안에서 느껴지는 정신적 안정에 대해 비교적 빠르게 감지하는 편이다. 그래서 심리적으로는 여성이 더 성숙해 보이는 면도 느껴진다. 남성이 여전히 시행착오의 한가운데에 머물러 있을 때, 여성은 이미 그 관계의 앞날을 가늠하기 시작한다.

흔히 말하는 '안전감'이란 바로 이런 지점에서 형성된다. 여성이 당신과 함께 있을 때 안전감을 느끼고 싶다고 말한다면, 그것은 감정의 문제가 아니라 삶의 방향에 관한 신호다. 자신의 미래를 그려볼 때, 그 그림 안에 이미 당신을 포함시키고 있다는 뜻이기도 하다.

하지만 많은 남성은 인생에 대해 막연한 생각만 할 뿐, 자신에 대한 구체적인 계획도, 절제도, 책임감도 부족한 경우가 많다. '사나이'라는 말로 자신을 포장하지만, 정작 믿고 기대할 수 있는 기반은 보이지 않는다. '사랑해', '미안해'라는 말뿐이고, 그 말이 실제 삶의 변화로 이어지지 않는다면 그 관계는 결국 방향을 잃게 된다.

이런 이야기가 어떤 남성들에게는 다소 억울하게 들릴 수도 있다. 실제로 많은 남성이 자기 나름의 성실함과 장점을 가지고 살아가고 있기 때문이다. 다만 남성과 여성은 오랫동안 서로 다른 분위기와 기대 속에서 자라 왔고, 그 차이는 지금도 관계를 맺는 방식에 조용히 영향을 미친다. 그 간극 때문에 서로를 충분히 이해하지 못하는 순간이 생기는 것도 무리는 아니다. 게다가 윗세대로부터 관계 안에서의 존중이나 감정을 표현하는 법을 제대로 배우지 못한 영향도 있다. 이것은 악의라기보다 오랫동안 당연하게 여겨져 온 익숙함에서 비롯된 문제에 가깝다.

그래서 자신의 감정이나 생각을 어떻게 말해야 하는지, 갈등이 생겼을 때 어떻게 풀어가야 하는지에 서툰 경우도 많다. 본인은 최선을 다하고 있다고 느끼지만, 그런 미숙함이 오히려 관계를 더 어렵게 만드는 일도 생긴다. 물론 이런 문제를 남성 개인에게만 돌릴 수는 없다. 젊은 시절에는 남녀를 막론하고 관계를 다루는 기술이 충분히 갖춰지지 않기 마련이다. 다만 표현의 방식만 놓고 보면 여성들이 자신의 감정에 조금 더 솔직한 편인 것도 사실이다.

사랑 앞에서 정말 물어야 할 것

많은 남성이 남녀 관계를 이야기할 때, 자신도 모

르게 도덕적으로 한발 위에 서 있는 태도를 보이곤 한다. 그런데 정작 관계를 어떻게 돌보고 유지해야 하는지에 대해서는 충분히 배우지 못한 경우도 적지 않다. 어쩌면 성별 간 갈등이 반복되는 이유는 바로 이런 엇갈림에서 비롯되는지도 모른다. 그럼에도 이 문제는 세대를 거치면서도 깊이 있게 돌아보지 않았다.

영화나 드라마를 떠올려 보면, 여전히 익숙한 구도가 반복된다. 성실하고 착하지만 형편이 어려운 남성과, 허영심이 많고 돈을 좇는 여성이라는 설정이다. 이런 이야기는 현실을 지나치게 단순화할 뿐 아니라 여성을 불공정한 이미지 안에 가두는 결과를 낳기도 한다.

이런 서사는 남성에게는 꽤 편안하다. 자신을 돌아볼 필요 없이 관계가 어긋난 이유를 전부 상대의 조건이나 선택으로 돌릴 수 있기 때문이다. 결국 문제는 늘 여성이 돈과 지위를 따졌기 때문이라는 결론에 도달한다. 하지만 진짜로 달라져야 할 지점은 다른 데 있을 것이다. 성숙과 여유는 상대를 낮추는 데서가 아니라, 불편하더라도 자신을 바라보는 데서 시작되기 때문이다.

이 이야기가 향하는 끝은 누군가를 비난하거나 옳고 그름을 가르자는 데 있지 않다. 다만 떠난 사람을 끝내 이해하지 못한 채 자신을 지키기 위한 설명에만 머물지는 말자는 뜻이다. 그 관계 안에서 나는 과연 어떤 사람이었을까. 함께 미래를 이야기할 수 있는 사람이었는지, 누군가의 곁에 오래 머물 수 있을 만큼 내 삶의 방향과 태도는 분명했는지, 한 번쯤은 자신에게 물어볼 필요가 있다.

그 질문 앞에서 솔직해질 수 있을 때 이별은 억울한 사건으로 남지 않는다. 오히려 나를 조금 더 자라게 한 계기가 될 것이다. 그리고 그때서야 사랑은 잃어버린 무엇이 아니라, 분명히 지나온 하나의 과정으로 남게 된다.

관점을 바꾸면
갈등은 답이 된다

─────────── **거절이 어려운 사람들의 공통점**

코로나 시기, 많은 기업이 비용을 줄이기 위해 가장 먼저 선택한 것은 정리해고였다. 하지만 그렇다고 일이 함께 줄어든 것은 아니었다. 열 명이 하던 일을 세 사람이 나눠 맡고, 그 세 사람의 부담은 다시 한 사람에게 몰리는 식이었다. 그렇게 남은 사람들은 버티는 것 말고는 선택지가 없는 시간을 견뎌야 했다.

얼마 전 회사에 남자 직원 K가 가벼운 우울증 진단을 받았다. 그는 늘 유머가 있고 성격도 부드러워서 부서 밖 사람들과도 자연스럽게 어울리던 사람이었다. 그래서 주변에서는 그의 상태를 전혀 예상하지 못했다. 코로나 이후 그의 부서는 거의 매일 밤 11시나 12시까지 근무를 이어왔고, 팀장은 시간과 장소를 가리지 않고 즉각적인 대응을 요구해 왔다. 외부 연락이나 긴급한 일들은 대부분

그의 몫이었다.

늘 긴장을 풀 수 없는 상태에서 과도한 업무를 떠안고, 숨을 고를 틈조차 없이 시간이 흘러갔다면 사람이 무너지지 않는 편이 오히려 이상했을 것이다. 두 달을 버텨냈다는 사실만으로도 그는 이미 충분히 자신의 몫을 해낸 셈이다. 다행히 증상은 비교적 가벼운 편이었고, 의사는 약 2주 정도의 치료와 휴식이 필요하다고 말했다. 그는 잠시 멈춰 서서 처음으로 자신을 돌보는 시간을 갖게 되었다.

그 일 이후로 나는 K에게 조심스럽게 물었다. 그렇게 힘들어 보였을 때, 왜 조금 더 일찍 '안 되겠다'고 말하지 않았느냐고. 그는 잠시 생각하다가 이렇게 답했다.

"저도 이런 방식이나 강도로 일하는 게 싫었어요. 그런데 그게 쉽지가 않더라고요. 거절하기가 좀 곤란했어요."

'거절이 어렵다'는 말은 생각보다 많은 문제의 시작점이다. 사람들은 그 이유 하나로 자신을 벼랑 끝까지 몰아넣곤 한다. 우리는 자라면서 가능하면 부딪히지 말고, 갈등을 만들지 말라는 말을 많이 들어 왔다. 화목을 지키는 것이 가장 중요하다고 배워 왔다. 그러다 보니 내 생각이 분명히 다르다는 걸 알면서도, 분위기를 깰까 봐 말을 삼키고 침묵을 선택하는 일이 자연스러워졌다.

반대를 표현하는 일, 혹은 반대 의견을 마주하는 일에 우리가 유난히 서툰 것도 그 때문일 것이다. 자신의 생각을 꺼내는 순간 곧

바로 이런 반응이 돌아온다. 왜 너만 다르냐, 왜 다른 사람들은 다 괜찮다는데 너는 아니냐, 왜 모두가 받아들이는데 너는 받아들이지 못하느냐고 묻는다. 결국 어떤 사안이 옳은지 그른지를 따지기보다는 '괜히 문제 만들지 말자'는 말로 정리된다. 그렇게 사람들은 하고 싶은 말을 삼킨 채 넘어가는 일에, 그리고 마지못해 받아들이는 것에 점점 익숙해진다.

하지만 이런 방식은 오래 갈 수 없다. 침묵과 수용으로 문제를 덮어두다 보면, 사람은 언젠가 지치거나 무너진다. 아니면 더는 견디지 못하고 한 번에 터져 나오게 된다.

<u>   </u> **자기 보호를 위한 최소한의 성벽**

H는 평소 성격이 무척 온화한 사람이었다. 그는 누군가와 부딪히는 상황을 늘 피하려 했고, 다른 사람들이 자신을 어떻게 보고 평가하는지에 특히 민감해했다. 혹시라도 자신이 '따지는 사람'으로 보일까 봐 늘 조심했다. 그렇게 보이면 성격에 문제가 있거나, 좀스러운 사람, 소심한 사람, 심지어는 괜히 분란을 일으키는 사람으로 낙인찍힐 거라고 생각했다.

사람들이 반대 의견을 가진 이들을 얼마나 거칠게 몰아붙이는지를 보면, 그의 두려움이 어디서 비롯됐는지도 짐작할 수 있다. 누군가는 그저 문제를 하나 짚어냈을 뿐인데, 돌아오는 말은 대개 비숫하다.

"다른 사람들은 가만히 있는데 왜 당신만 문제를 삼죠?"

그렇게 말이 오가는 사이 '문제를 제기한 사람'은 어느새 '문제가 있는 사람'으로 바뀐다. 이것이 우리가 문제를 다루는 데 익숙해진 방식이다. 감정적으로는 "그렇게 따지지 마, 그런 사람이 결국 손해 본다."라고 말하고, 이성적인 척할 때는 "왜 공동체 의식이 없느냐, 왜 다들 같은 생각을 하는데 너만 다르냐."라고 묻는다. 이런 말들은 사람을 점점 구석으로 몰아넣고, 때로는 옳고 그름의 자리를 슬쩍 뒤바꿔 놓기도 한다.

우리는 반대 의견을 내는 법과, 그 반대에 대응하는 법을 배워야 한다. 반대 의견을 가졌다는 것이 과연 부당한 일일까. 왜 반드시 같은 생각만 해야 할까. 토론을 통해 일정한 공통의 인식이 형성될 수는 있지만, 그것이 곧 절대적인 진실이 되는 것은 아니다. 다수가 어떤 방향을 선택해 실행하더라도, 누군가는 다른 의견을 가질 권리가 있다. 다수가 추진하는 것이 옳고, 다른 생각은 틀렸다고 단정해서는 안 된다.

우리는 오래전부터 반대 의견을 드러내지 않는 것이 현명하다고 배워 왔다. 그렇게 하지 않으면 '어울리지 못하는 사람', '괜히 나서는 사람'으로 낙인찍히기 쉽고, 무리 안에서 쉽게 'Yes'라고 말한 사람들의 의심을 받기 때문이다. 때로는 그 과정에서 성품이나 동기까지 제멋대로 재단되는 공격을 감당해야 한다. 그럼에도 나는 오래전부터 'No'라고 말할 수 있는 용기가 하나의 재산이라고 생각해 왔다. 잠시 불편해질 수도 있고, 일정한 압박을 견뎌야 할 수도 있다. 그러나 인생 전체를 놓고 보면, 'No'라고 말할 수 있을 때에야 비로소 타인의 기대에 맞춰 살아가는 삶이 아니라, 자신의 삶과 자유를 지켜낼 수 있다.

그래서 이런 상황에서는 생각의 방향을 조금 바꿔볼 필요가 있다. 'No'라고 말하는 일을 지나치게 어렵거나 대단한 결단으로 여기지 않아도 된다. 그것은 사실 양파를 먹고 싶지 않다고 말하는 것만큼이나 단순한 선택일 수 있다.

중요한 것은 'No'라고 말하는 습관을 기르는 일이다. 물론 아무 생각 없는 거부가 아니라 충분히 고민한 끝에 내리는 'No'여야 한다. 그렇게 숙고 끝에 내린 거절은 나를 보호하는 하나의 방패막이 된다. 그 안에서 얻는 안식은 언제나 'Yes'만 말하는 사람이 얻는 안식보다 훨씬 단단하다.

다만 한 번 'No'라고 말하기로 결정했다면, 그 이후에 따르는 반응이나 평가, 때로는 공격까지도 지나치게 마음에 담아둘 필요는 없다. 받아들이는 쪽만을 선택한 사람들은 결국 자기 판단을 내려놓아야 하는 순간을 맞이하게 된다. 그러나 인간은 본래 독립적으로 사고하는 존재다. 자신의 의견을 억누르고 무시하는 일은 쉽지 않은 일이다. 그래서 다른 생각과 저항은 쉽게 사라지지 않는다. 그것을 계속 눌러두면 언젠가는 감당하기 어려운 방식으로 터져 나오게 된다.

억누르다 끝내 폭발하느니 차라리 처음부터 자신을 지켜줄 성벽을 쌓는 편이 낫다. 그 성벽이란 반대 의견을 가질 수도 있고, 그것을 말로 표현하며, 진실을 한쪽에 남겨 둔 채 솔직한 피드백을 건넬 수 있는 여지를 지키는 일이다. 끝없이 물러나다가 벼랑 끝에 몰려 폭발하거나, 아예 저항을 포기하는 대신에 자신을 보호할 수 있는 경계를 분명히 세우는 것이다.

나는 단체 안에서 개인의 목소리가 존중되어야 하고, 힘 있는 쪽이 약한 쪽의 말을 귀 기울여 들어야 한다고 믿는다. 그러나 이는 어디까지나 이상에 가깝다. 현실에서는 직원이 과도한 압박으로 병을 얻었을 때조차 기업가가 양심의 가책을 느끼지 않는 경우가 적지 않다. 오히려 그 원인을 개인의 심리적 수용 능력이나 업무 역량의 문제로 돌리는 쪽이 더 흔하다. '서로에게 잘하는 관계'는 대개 바람에 머물 뿐, 현실에서는 쉽게 성립되지 않는다.

나는 사람들의 자각을 중요하게 말해 왔지만, 그 자각에만 모든 것을 맡길 수는 없다고 생각한다. 현실은 언제나 자신을 돌아보지 않는 환경으로 흘러가기 쉽고, 우리는 그런 집단 속에서 살아간다. 그래서 자각이 기대되지 않는 조건에서도 자신을 지켜낼 수 있는 태도와 기준을 익혀야 한다. 침묵을 선택할 권리 역시 존중받아야 하지만 나는 그 길을 권유하고 싶지는 않다.

나를 단단하게 해 주는
사람 곁에 머무르기

얼마 전 한 걸그룹 멤버가 소속사 사장을 공개적으로 문제 삼은 일이 큰 화제가 되었다. 사장은 직원들 앞에서 멤버를 평가하며 인신공격에 가까운 말을 했고, 그 대화가 담긴 녹음 파일이 공개되자 파문이 일었다. 그러나 그는 자신의 언행이 지나쳤다고 생각하지 않았다. 오히려 몰래 녹음한 행위와 이를 공개한 멤버의 대응이 미숙했다고 주장했다.

이 사건은 순식간에 인터넷을 뒤덮었다. 무엇보다 많은 이가 불편함을 느낀 이유는 이 상황이 이른바 '병을 주고 약을 주는' 방식과 닮아 있었기 때문이다. 먼저 공개적인 평가와 모욕으로 한 사람의 자존감과 자신감을 무너뜨려 자기 자신을 의심하게 만든다. 그리고 그 약해진 상태에서 관계를 유지하며 기회를 쥐고 있는 쪽이 자신이라는 점을 은근히 강조하며 '도움'을 내민다. 이때의 도움은 순수한 배려라기보다 감사와 순종이 따라야 할 것처럼 전제된 도움이다.

이런 구조는 특정 사건에만 국한되지 않는다. 직장이나 사회, 혹은 지나치게 밀착된 관계에서 반복해서 나타난다. 한쪽이 자기를 더 우월한 위치에 두고, 상대를 '멘토'라는 이름으로 가르치려 들 때다. 그러나 그 이면에는 '너는 혼자서는 충분하지 않다', '나의 판단과 허락이 있어야 한다'는 메시지가 깔려 있다.

본래 가르침이란 한 사람이 스스로 설 수 있도록 돕는 일이어야 한다. 몸과 마음이 자라 독립할 수 있게 하는 것이 목적이다. 하지만 이런 방식은 가르침과는 거리가 멀다. 이는 성장을 돕는 일이 아니라, 상대를 약한 자리에 머물게 하며 의존하도록 만드는 구조다.

이 과정에서 실제로 도움을 받는 경우도 있다. 그러나 그 도움에 따르는 부정적인 결과는 아마 그보다 몇 배는 더 클 것이다. 한 사람이 자기 확신을 잃고, 자신을 부족한 존재로 여기며 끊임없는 자책 속에서 살아가게 되는 것보다 더 두려운 일이 있을까.

한 사람의 행복은 결국 자신에 대한 확신과 수용에서 비롯된다. 자기 확신이 클수록 삶을 받아들이는 폭도 넓어지고 마음은 한결 편안해진다. 그러면 현실에 만족하기도 쉬워지고, 일상에서 행복을 느끼는 일도 많아진다. 반면, 자기 확신이 낮을수록 겉으로 보

기에는 충분히 안정되고 행복해 보이지만 늘 불안과 의심에 사로
잡혀 살아가게 된다.

많은 성공담에서는 좌절과 고난, 나아가 자신을 힘들게 한 사람
에게까지 감사해야 한다고 말한다. 그렇게 해야 비로소 과거와 화
해한 것이고, 성숙한 사람이 된 것처럼 여겨진다. 그러나 모든 상처
가 감사로 정리될 필요는 없다. 감사하지 않았다고 해서 덜 단단한
것도, 덜 성장한 것도 아니다. 나는 이 질문을 전혀 다른 방향에서
풀어낸 한 사람의 말을 오래 기억하고 있다. 그는 이렇게 말했다.

**"제가 감사해야 할 대상은 저를 상처 준 사람이 아니라, 그 시
간 속에서도 끝내 무너지지 않고 버텨낸 저 자신입니다."**

우리는 정작 자기 자신에게 감사하는 일을 자주 잊고 살아간다.
더 잘되고, 더 성공한 뒤에 자신을 인정해도 된다고 미루어 둔다.
하지만 꼭 그렇게까지 기다릴 이유는 없다. 이 점에서 나는 서양의
한 전통이 인상 깊다. 책을 쓰든, 강연을 하든, 공개적인 자리에서
든 그들은 가족과 친구, 자신을 도와준 사람들뿐 아니라 자기 자신
에게도 감사의 말을 전한다. 그런 사람들이야말로 우리가 오래도
록 존중하며 기억할 만한 사람들이다.

물론 사람마다 서로 다른 계기를 통해 힘을 얻고, 결국 비슷한
성과에 도달할 수도 있다. 그러나 겉으로 드러난 결과가 같다고 해

서 그 과정의 성격까지 같아지는 것은 아니다. 선의 속에서 자라난 사람은 비교적 안정된 기운을 갖기 쉽고, 원한 속에서 자신을 단련한 사람은 뛰어난 능력을 갖추었더라도 마음 한편이 삐뚤어질 위험을 안고 있다.

제대로 사랑받아 본 경험이 없는 사람은 사랑을 건네는 법을 배우기 어렵다. 사랑이 어떤 감정인지 알지 못해서가 아니라 그것이 어떻게 표현되는지를 보고 배울 기회가 없었기 때문이다. 존중받아 본 적이 없는 사람 역시 마찬가지다. 타인을 존중해야 한다는 말을 이해하지 못해서가 아니라 존중이 관계 속에서 어떤 방식으로 오가는지 경험해 보지 못했기에 그 방식에 서툴 수밖에 없다.

자기 확신을 흔드는 말들

사람은 자신이 받아본 방식으로 세상을 대하는 법을 배운다. 그래서 사랑과 존중은 가르침만으로는 온전히 전해지지 않는다. 그것은 누군가로부터 실제로 건네받았을 때 다시 타인에게 건넬 수 있는 것이 된다. 사람들은 종종 이성적인 판단과 감정의 상태를 구분해야 한다고 말한다. 그러나 실제 삶에서는 그렇게 깔끔하게 분리되지 않는다. 겉으로는 아무렇지 않은 척할 수 있어도, 마음의 상태는 그리 쉽게 숨겨지지 않는다. 표정과 태도는 조절할 수 있어도, 마음은 결국 자신의 흔적을 남긴다. 한 친구가 이런 말을 한 적이 있다.

> "사람마다 옳고 그름에 대한 논리는 다를 수 있어. 하지만 우
> 리가 행복한가 아닌가에 대해서는 옳고 그름을 따질 수 없어.
> 행복에는 정답이 없으니까."

늘 당신에게 틀렸다고 말하던 사람이 있었다면, 그의 말 가운데
에는 실제로 맞는 말도 섞여 있었을지 모른다. 그래서 그 관계를
떠올릴 때마다 마음이 쉽게 정리되지 않는다. '그래도 저 말은 맞았
던 건 아닌가', '내가 조금 더 잘했어야 했던 건 아닐까' 하는 생각이
계속 따라붙는다. 그러나 한 가지는 분명하다. 그 사람이 당신 곁
에 있는 동안 당신은 점점 행복해지지 않았다는 사실이다. 자주 위
축되고, 자신을 의심하게 되었으며, 마음이 편해지는 순간은 점점
줄어들었을 것이다.

그 관계가 옳았는지 아닌지를 논리로 따지는 일은 가능할지 모
른다. 누가 맞았고, 누가 틀렸는지를 정리하는 것도 할 수 있다. 하
지만 그 안에서 당신이 실제로 어떤 상태로 살아왔는지는 다른 누
구보다 당신 자신이 가장 잘 알고 있다.

사람은 자신을 긍정하고 받아들이며 살아갈 때 비로소 만족과
평안을 느낀다. 마음이 안정된다는 것은 늘 잘하고 있다는 착각에
머무는 일이 아니라 부족함이 있더라도 자신을 부정하지 않고 살

아갈 수 있다는 뜻에 가깝다. 그런데 누군가가 당신의 이런 상태를 지속적으로 흔들고 방해한다면, 그 관계에서는 옳고 그름이 더 이상 중요한 기준이 되지 않는다.

그가 당신을 자주 불행하게 만들고, 나 스스로 형편없는 존재처럼 느끼게 만든다면, 자신을 먼저 의심하지 않아도 된다. '내가 예민한 걸까', '내가 부족해서 이런 말을 듣는 걸까' 하고 되묻지 않아도 된다. 그런 감정이 반복해서 든다는 자체가 이미 많은 것을 말해 주기 때문이다.

그것은 당신의 문제가 아니다. 설령 당신에게 부족한 부분이 있다 하더라도 그것이 곧 치명적인 결함이 되지는 않는다. 누구에게나 고쳐가며 살아야 할 부분이 있고, 그것은 관계에서 존중과 격려를 통해 다듬어질 때 건강하게 변한다. 당신을 계속 잘못된 방향으로 이끄는 사람과는 거리를 두고, 좋은 기준을 건네며 당신을 믿어주고, 자신에 대한 신뢰를 키워주는 사람을 가까이하길 바란다.

선택 앞에서
감정을 다루는 법

내 친구 P는 다큐멘터리 감독이자 심리치료사로 일하며 작은 스튜디오를 운영하고 있다. 요가에 능하고 글을 쓰며, 최근에는 수영까지 배우고 있다. 쉰 살을 앞둔 나이지만 나이에 구애받지 않고 새로운 일을 시작하는 사람이다. 나는 그녀를 좋아한다. 하지만 그것은 그녀가 여러 일을 해내는 사람이라서도, 에너지가 넘치거나 지나치게 낙관적이어서도 아니다. 함께 머물렀던 한 숙소에서 들었던 그녀의 가정과 두 딸에 관한 이야기 때문이다.

그녀는 일 때문에 출장이 잦았고, 길게는 한 달 가까이 집을 비우기도 했다. 나는 조심스럽게 물었다. 그렇게 오래 떨어져 있으면 딸들이 그립지 않느냐고. 그녀는 잠시 생각하더니 꼭 그렇지는 않다고 말했다. 그 대답은 쉽게 이해되지 않았다. 그녀의 가정은 겉으로 보기에도 화목해 보였고 부부 사이도 좋아 보였으며, 아이들과의 관계 역시 깊어 보였기 때문이다. 잠시 침묵이 흐른 뒤, 그녀는 이렇게 말했다.

"밖에 나와 있을 때는 일하는 역할에 집중하고, 집에 돌아가면 엄마로서의 역할에 충실하려고 해요. 밖에서도 계속 아이들 생각에 마음을 쓰다 보면, 결국 제대로 돌보고 있지 못하다는 생각에 더 괴로워질 것 같거든요. 그러면 눈앞의 일조차 온전히 해내기 어려워지고요."

눈앞에 놓인 역할에 집중하는 것. 이것은 그녀가 두 딸에게 늘 강조해 온 태도이기도 하다. 말로 하면 단순해 보이지만, 실제로는 꽤 어려운 일이다. 우리는 한 가지 일을 하면서도 늘 다른 일을 떠올리고, 어떤 선택을 하면서도 동시에 놓치고 있는 가능성을 걱정한다. 그렇게 마음이 이곳저곳으로 흩어질수록 우리는 생각보다 훨씬 빨리 지친다.

내 주변에서 일 처리가 빠르고 실행력이 뛰어난 사람들을 떠올려 보면 공통점이 하나 있다. 어떤 일에 들어가면 잠시 '자기 자신을 뒤로 미룰 줄 안다'는 점이다. 그 태도는 때로는 꽤 매정해 보일 만큼 분명하다. 하지만 그 매정함은 타인에게만 향하지 않는다. 그들은 자기 자신에게도 같은 기준을 적용한다.

이것은 차갑다기보다 상황마다 요구되는 역할을 정확히 구분

하고 그에 맞게 자신을 전환할 줄 아는 능력이다. 지금 이 자리에 필요한 역할이 무엇인지 알고, 그 역할에 자신을 맞춘다. 장소와 관계에 따라 다른 얼굴을 자연스럽게 꺼내는 일도 마찬가지다. 그것은 가벼운 변덕이 아니라 훈련된 태도다.

이런 능력은 결국 자신을 통제할 수 있는 힘에서 나온다. 동시에 상대를 불필요하게 혼란스럽게 하지 않겠다는 배려이기도 하다. 자신을 앞세우지 않으니 일은 오히려 매끄럽게 흘러가고, 관계도 쓸데없는 마찰 없이 이어진다. 그렇게 각자의 역할에 충실한 사람들은 결과뿐 아니라, 그 과정에서도 자연스럽게 신뢰를 쌓아간다.

사실 자기 통제는 결코 쉬운 일이 아니다. 우리는 직장에서 겪은 불쾌한 감정을 그대로 안고 집으로 돌아오고, 집에서 쌓인 감정을 다음 날 출근길까지 끌고 나가기도 한다. 아침에 겪은 사소한 불편 하나가 하루 전체의 분위기를 좌우하는 일도 그리 낯설지 않다.

우리는 종종 다른 자리에서의 '나'를 그대로 데려온 채, 이러면 안 된다는 걸 알면서도 상대가 알아서 이해해 주고 받아주길 기대한다. 자신을 다독이고 감정을 정리하기보다는 타인의 포용과 위로에 기대 마음을 추스르려는 쪽을 택한다.

하지만 일상에서 우리가 마주하는 대부분의 사람은 그런 여유나 감정 조절의 힘을 충분히 갖추고 있지 않다. 그러다 보니 감정은 사람에서 사람으로 옮겨 다니고, 사소한 불편 하나가 금세 갈등으로 번진다.

그래서 '나는 지금 기쁘지 않다'라는 말은 어느 순간 '너는 왜 나를 기쁘게 해 주지 않느냐'로 바뀐다. 감정의 책임이 개인에게서 관계로, 자신의 상태에서 타인의 몫으로 슬쩍 이동하는 순간이다.

문제는 감정을 제자리에서 다루지 못한 채 다른 자리로 옮겨 놓는 데서 끝나지 않는다. 자신이 지금 어떤 역할에 서 있는지 분명히 하지 못하는 태도 역시 주변 사람들을 서서히 지치게 만든다. 역할의 경계가 흐려질수록 관계는 혼란스러워지고, 그렇게 쌓인 부담은 결국 가장 가까운 사람들에게 고스란히 전해진다.

좋은 선택은 사람마다 다르다

우리는 종종 타인을 평가한다. 특히 관계가 가까울수록 그 기준은 더 쉽게 밖으로 튀어나온다. "왜 이렇게 하지 않아?", "이렇게 하는 게 다들 편하잖아."라는 말이 자연스럽게 따라 붙는다. 하지만 실제로 그렇게 단순한 경우는 드물다. 사람마다 서 있는 자리와 맡은 역할이 다르기 때문이다.

내 기준에서 '이게 모두에게 좋은 선택'이라고 판단하는 순간에도, 상대는 그의 위치와 역할에 맞는 다른 선택을 하고 있을 수 있다. 출발점이 다르고, 책임의 무게가 다르며, 바라보는 방향이 다르다면 결론 역시 같을 수 없다. 그런데도 우리는 쉽게 묻는다.

“왜 그렇게 하지 않았어?”

“어디에 문제가 있는 거야?”

하지만 그 선택이 곧 문제가 있다는 뜻은 아니다. 그는 그저 자신의 자리에서 가능한 최선을 택했을 뿐이다. 당신의 생각을 알고 있었다고 해도 같은 자리에 서 있지 않다면 같은 결정을 내리기는 어렵다.

회사만 보더라도 그렇다. 사장은 직원이 자신처럼 회사의 수익과 명예를 먼저 생각해 주길 바란다. 반대로 직원은 사장이 자신의 처지를 이해해 주지 않는다면 좋은 사장이라고 느끼기 어렵다. 어느 쪽이 옳고 그르다기보다 각자가 서 있는 자리가 다를 뿐이다.

사실 직원이 사장과 똑같은 마음을 갖는 것은 현실적으로 불가능하다. 사장 역시 ‘직원에게 잘하는 것’만을 좋은 사장의 기준으로 삼지는 않는다. 각자에게 주어진 책임과 역할이 다르기 때문이다. 관계가 어긋날 때 필요한 것은 상대를 바꾸려는 판단이 아니라 서로 다른 자리에 서 있다는 사실을 인정하는 일인지도 모른다.

지금 맡은 역할에 충실하다는 것의 장점은 분명하다. 다른 사람의 몫까지 대신 고민하지 않아도 되고, 왜 저 사람은 왜 저렇게 행동하는지 끝없이 해석하지 않아도 된다. 그저 눈앞에 주어진 역할에 마음을 온전히 기울이면 된다. 사람은 상황에 따라 서로 다른 자리에 서게 마련이다. 그때마다 역할을 혼동하거나, 지금의 위치에서 자신의 '권위'를 착각하지 않는 것이 중요하다.

나는 친구들에게 남자 친구나 배우자가 지나치게 바쁠 때 어떤 마음이 드는지 물어본 적이 있다. 뜻밖에도 많은 친구가 이렇게 말했다. 바쁜 것은 이해할 수 있다고. 일에는 그만한 이유가 있고, 각자의 책임도 있다는 걸 안다고 했다. 다만 힘든 마음을 그대로 집으로 가져오는 건 또 다른 문제라고 덧붙였다.

하루 종일 지쳤다는 말, 여전히 여유가 없다는 표정, 몸만 집에 와 있고 마음은 아직 바깥에 머물러 있는 태도는 관계를 조금씩 소모시킨다는 것이다. 이해와 위로를 구하는 마음이 나쁘다는 뜻은 아니지만, 그 상태가 반복되면 함께 있는 사람 역시 점점 지쳐간다. 결국 누구도 제대로 쉬지 못한 채 하루를 마무리하게 된다.

앞서 이야기했던 그 친구 역시 같은 생각을 하고 있었다. 그녀가 말한 것은 거창한 원칙이 아니었다. 몸이 있는 곳에 마음도 함께 두자는 것이었다. 그렇게 자신을 분명히 놓아야 지금 맡은 역할을 제대로 해낼 수 있고, 하나의 자리를 온전히 마쳐야 다음 자리로도 부담 없이 옮겨 갈 수 있다는 말이었다.

좋아하지 않을
자유에 대하여

결혼 적령기가 되었는데 결혼도 하지 않았고, 만나는 사람도 없다고 하면 사람들은 으레 이렇게 말한다.

"너무 재는 거 아니야?"

그 말은 대개 질문처럼 시작되지만, 곧 설득이나 지시로 바뀐다.

"뭘 그렇게 재?", "사람 사는 게 다 비슷하지 않아?", "다들 그렇게 사는데 왜 너만 못 살아?"

이런 말을 계속 듣다 보면 누구라도 마음이 움츠러든다. 처음에는 웃어넘기다가도 어느 순간부터는 나에게 묻게 된다.

'그래, 내가 뭐 그렇게 대단한 사람이라고.'

'다들 받아들이는데 나만 유난인 걸까?'

'혹시 내가 잘났다고 착각하는 건 아닐까?'

'자기애가 지나친 걸까?'

어떤 사람들은 이런 질문 앞에서 분노를 느끼기도 한다. 하지만 그 감정을 그대로 드러내지는 못한다. 나 역시 친구들과 이런 이야기를 자주 나눴지만 곰곰이 생각해 보면 이 문제의 핵심은 생각보다 단순하다.

"그게 당신과 무슨 상관이죠?"

나는 특별히 잘난 사람도 아니고, 그렇다고 남들보다 못난 사람도 아니다. 다만 내 마음대로 살 권리는 있다. 나는 '잘났다'거나 '못났다'는 판단의 대부분이 외부의 잣대에서 나온다고 생각해 왔다. 나이가 몇인지, 집안이 어떤지, 돈을 얼마나 버는지, 직장이 안정적인지, 앞으로의 전망이 어떤지 같은 것들 말이다. 이런 기준들은 모두 외부 조건에 대한 평가다.

하지만 무엇을 좋아하고, 무엇을 원하지 않는지는 전혀 다른 차원의 문제다. 그것은 계산이 아니라 감정에서 비롯된다. 외부 조건과 어느 정도 맞물릴 수는 있어도, 반드시 거기에 맞춰야 할 이유는 없다. 마음의 방향까지 사회가 대신 정해 줄 수는 없기 때문이다.

우리가 늘 주변에 맞춰 살아가야 한다는 말을 들으며 자라온 데에는 사회에 적응하라는 뜻만 있는 것은 아닐 것이다. 그 이면에는

'좋아하지 않을 권리'를 불편해하는 시선이 함께 깔려 있다. 누군가가 분명히 '나는 그걸 원하지 않는다'고 말하면, 곧 이런 말들이 따라온다.

"비현실적이다.", "협조적이지 않다.", "세상 물정을 모른다."

하지만 이 말들을 조금만 바꿔 보면 결국 이렇게 들린다.

"당신이 진심으로 좋아하지 않는다는 사실이 마음에 들지 않군요."

그렇다면 문제는 선택 그 자체가 아니라 선택할 자유를 허락하지 않으려는 시선일지도 모른다.

왜 갈수록 혼자 사는 사람이 늘고, 이혼율도 계속 높아질까. 이 변화를 단순히 개인의 성향이 달라졌기 때문이라고 보기는 어렵다. 그보다는 오랫동안 당연하게 여겨졌던, '좋아하지 않아도 견뎌야 한다'는 인식이 서서히 흔들리고 있기 때문이다.

과거에는 특히 여성들이 경제적으로 남성에게 의존할 수밖에 없는 구조에 놓여 있었다. 마음이 내키지 않더라도, 안정적인 삶을 위해 관계를 유지해야 하는 경우가 많았다. 좋아하지 않는다는 이유만으로 이미 맺어진 관계에서 떠나는 일은 현실적으로 쉽지 않았다.

하지만 지금의 사회는 많이 달라졌다. 여성들이 일하며 살아갈 수 있는 선택지는 이전보다 훨씬 넓어졌고, 어떤 영역에서는 오히려 여성이 창업하고 자리를 잡는 데 더 유리한 환경도 만들어졌다. 생계를 이유로 관계를 붙들어야 할 필요가 줄어들면서 사람들은 조금씩 자기 마음에 솔직해질 수 있게 되었다.

그 과정에서 많은 여성은 독립을 계기로 자신의 삶을 다시 들여다본다. 그동안 당연하다고 여겼던 관계와, 어쩔 수 없다고 버텨온 상황, 참고 넘어가야 한다고 믿었던 조건들을 하나씩 정리해 나간다. 더 이상 마음이 머물지 않는 일에 억지로 협조하지 않고, 불편함을 스스로 합리화하지 않겠다고 선택한다. 이것은 이기적인 변화라기보다 오랫동안 미뤄두었던 자기 선택을 되찾는 과정이다.

_______________ **타인의 기대에서 벗어나는 연습**

요즘 젊은 세대 가운데에는 연애보다 게임을 더 선호하는 사람들도 적지 않다. 예전에는 선택지가 지금처럼 많지 않았다. 게임도 제한적이었고, 즐길 수 있는 콘텐츠 역시 손에 꼽을 정도였다. 여가를 보내는 방식도 비교적 단순했다. 그렇다면 젊은 시절의 넘치는 에너지와 욕망은 어디로 향했을까. 이성에게 다가가고, 관계를 맺고, 사랑을 주고받는 일은 그 자체로 강렬하고 매혹적인 경험이었을 것이다.

하지만 지금의 젊은 사람들 가운데에는 이런 감정을 더 이상 특별하게 느끼지 않는 이들도 많다. 이유는 의외로 단순하다. 다른 방식으로도 충분히 만족과 즐거움을 얻을 수 있기 때문이다. 게임만 봐도 목표가 있고, 경쟁과 협력이 있으며, 성취의 구조가 분명하다. 노력의 결과는 비교적 명확하게 돌아오고, 막히는 지점은 비용을 들여 해결할 수도 있다. 실제 사람과 관계를 맺는 일에 비하면 게임은 훨씬 단순하고 예측 가능한 세계다.

개인 맞춤형 상업 서비스가 발달하면서 과거에는 가족이나 배우자의 도움이 필요했던 일들까지 이제는 혼자서 해결할 수 있게 되었다. 감당 가능한 비용을 지불하는 편이 감정과 시간을 들여 친밀한 관계를 꾸준히 관리하는 것보다 훨씬 수월해진 것이다.

이런 변화 속에서 점점 더 많은 사람, 특히 여성들은 독립을 통해 '좋아하지 않는 것에 협조하지 않을' 권리를 갖게 되었다. 많은 여성은 자기 자신만큼 믿을 수 있는 존재는 드물다는 사실을 체감하며, 자신에게 기대어 살아가는 방식을 선택한다. 이 선택은 미성숙해서도, 비현실적이어서도, 세상 물정을 몰라서도 아니다. 오히려 지금의 환경과 조건을 정확히 반영한, 가장 현실적이고 합리적인 판단이라 할 수 있다.

그럼에도 여전히 이를 비현실적이라고 하거나 세상 물정을 모른다고 말하는 사람들이 있다면, 그들은 과거의 기준에 머문 채 현재의 변화를 제대로 바라보지 못하고 있는지도 모른다. 오래 살았다는 이유만으로 낡은 잣대를 들이대며 타인의 삶을 평가하고 간섭하는 일만큼 시대와 어긋난 태도도 드물다.

이상적인 사회라면 누구에게나 '좋아하지 않을' 권리가 자연스럽게 허용되는 곳일 것이다. 하지만 우리의 오래된 사고방식 속에서는 누군가가 '나는 그걸 원하지 않는다'고 말하는 순간 그는 곧 문제적인 사람이 된다. 왜 그런 선택을 했는지 설명해야 하고, 설득의 대상이 되며, 때로는 교정하거나 바꿔야 할 존재처럼 다뤄진다.

특히 여성에게는 이런 시선이 훨씬 더 가혹하게 작동한다. 결혼을 했는지, 아이를 낳았는지, 낳았다면 어떻게 키우는지까지. 그녀의 삶은 늘 주변의 평가와 간섭 앞에 놓였다. 선택하지 않은 이유보다, 선택하지 않았다는 사실 자체가 문제로 취급되었다.

누구나 타인의 기대에 맞추기 위해 자신을 계속 깎아내며 살아야 할 의무는 없다. '희생을 감수해야 하는 성별'이라는 이름표를 내려놓고, 각자가 좋아하는 얼굴과 이름으로 살아갈 권리는 모두에게 있다. 그 선택이 존중받을 때, 사회는 비로소 더 건강한 방향으로 나아갈 수 있을 것이다.

즐거움을 가로막는
잘못된 전제들

나는 왜 늘 뒤처진 것처럼 느껴질까

실제 삶에서 사람은 누구나 각자의 고민을 안고 살아간다. 그 고민의 한가운데에는 대개 자기 자신에 대한 불만이 자리한다. 특히 타인과의 비교에서 비롯되는 불만족은 쉽게 사라지지 않는다. 주변을 둘러보면 친구들은 모두 나보다 잘 지내는 것 같고, 또래들은 어느새 한발 앞서 있는 듯 보인다. 한때는 나보다 출발선이 낮아 보였던 사람들조차 이제는 훨씬 안정된 삶을 사는 것처럼 느껴질 때도 있다.

'나에게는 도대체 무슨 문제가 있는 걸까?'
'내가 부족해서일까, 아니면 운이 따르지 않았던 걸까?'

사람의 마음은 참 아이러니하다. 혼자 힘으로 정신적, 감정적 만족을 만들어내는 일은 생각보다 어렵지만, 비교를 통해 감정을 느끼는 일은 놀라울 만큼 쉽다. 나보다 더 잘나 보이는 사람을 떠올리면 이유를 따질 새도 없이 좌절감이 밀려온다. 반대로 나보다 못하다고 여겨지는 대상을 떠올리면 안도감이나 묘한 만족감, 때로는 연민 같은 감정이 생기기도 한다.

비교는 이렇게 우리의 감정을 빠르게 흔들며, 잠시나마 마음을 붙잡을 무언가를 만들어 낸다. 하지만 그런 위안은 오래가지 않는다. 비교가 멈추지 않는 한, 마음 역시 좀처럼 평온해지지 않기 때문이다.

동창들이나 익숙한 업계 지인들을 떠올려 보자. 누군가가 크게 출세했다는 소식, 트렌드의 중심에 섰다는 이야기, 혹은 경제적으로 한층 여유로워졌다는 말을 들을 때, 우리는 별다른 이유도 없이 마음이 가라앉으며 이런 생각을 하게 된다.

'나는 지금 뭘 하고 있는 걸까?'

'왜 다른 사람들은 저렇게 빨리 가는데, 나는 아직도 이 자리에 머물러 있을까?'

'저 사람은 성공한 것 같은데, 나는 왜 이렇게 보일까?'

이 질문들은 대개 비교에서 시작된다. 그리고 비교는 늘 가장 눈에 잘 띄는 몇 사람을 기준으로 삼는다. 그러다 보면 마음은 금세 조급해지고 자신을 괜히 더 몰아붙이게 된다.

그 순간 아주 잠시만 여유를 갖고 인내할 수 있다면, 시야는 자연스럽게 넓어진다. 같은 반이었던 친구들을 한 사람씩 떠올리며, 지금 각자가 어떤 삶의 자리에 서 있는지 차분히 살펴보는 것이다. 그리고 그들이 어떤 선택을 거쳐 여기까지 왔는지를 하나씩 들어 본다면, 마음은 생각보다 훨씬 편안해질지도 모른다. 그 과정을 따라가다 보면 대개 비슷한 결론에 이르게 된다.

첫째, 쉽게 얻은 사람은 거의 없다는 것.

둘째, 나보다 운이 좋아 보이는 사람도 있지만, 동시에 나보다 훨씬 더 힘겨운 시간을 견디고 있는 사람도 분명히 있다는 것.

셋째, 인생의 경로는 서로 달라도, 결과의 결은 생각만큼 크게 다르지 않게 흘러간다는 것.

이쯤에 이르면 마음이 한결 누그러진다. 우리가 그동안 집요하게 바라본 것은 늘 잘나가는 몇몇 사람의 모습뿐이었다. 그들의 속도와 성과를 기준으로 삼아 내 삶도 그래야 한다고 자신을 다그쳐 왔던 것이다. 비교의 범위를 조금만 넓혀 보면 삶은 생각보다 덜 가혹해진다.

유명 연예인들을 떠올려 보아도 비슷하다. 어떤 이는 하루에도 수천만 원을 벌고, 1년이면 수십억을 벌며, 수백억 원짜리 집을 사기도 한다. 그런 이야기를 접하다 보면 자연스럽게 이런 생각이 든다.

'저만큼 벌고도 왜 멈추지 않을까?'

하지만 이 질문은 곧 다른 물음으로 이어진다.

'나는 과연 어느 지점에서 멈출 수 있을까?'

현실은 생각보다 단순하지 않다. 하루에 수백만 원을 버는 사람들은 몸을 갈아 넣듯 하루를 견뎌낸다. 그렇다면 하루에 수천을 버는 삶은 어떨까. 한 사람의 성취 뒤에는 수많은 스태프와 시스템이 함께 움직이지만, 그보다 더 큰 몫을 차지하는 것은 눈에 보이지 않는 시간과 체력이다. 수년간 쌓아온 준비와 반복되는 소모는 매일같이 이어지고, 잠시 생긴 틈마저 다음 일정을 준비하는 데 쓰인다.

숫자만 놓고 보면 부러울 수 있다. 하지만 그 시간을 끝까지 견뎌낼 수 있는지는 전혀 다른 문제다. 어쩌면 중요한 것은 누가 더 많이 버느냐가 아니라, 어떤 삶의 무게를 감당할 수 있느냐일지도 모른다. 비교는 잠시 호기심을 자극할 뿐이지만, 삶은 결국 각자가 견딜 수 있는 무게만큼만 이어진다.

우리는 흔히 성공을 원하고, 또 성공을 동경한다. 그런데 조금만 더 들여다보면, 우리가 정말로 끌리는 것은 성공 그 자체라기보다 그 위에 덧씌워진 '우연성'인지도 모른다. 마치 아무런 대가도 치르지 않았는데, 어느 날 갑자기 머리 위로 커다란 선물이 떨어지는 것처럼 말이다.

성공을 하나의 건축물에 비유해 보면 이렇다. 우리는 완성된 외관을 바라보며 감탄하지만, 그 건물을 세우기까지 얼마나 오랜 시간과 노력이 필요했는지는 쉽게 떠올리지 않는다. 눈에 보이지 않는 기초를 얼마나 깊이 다졌는지, 그 과정에서 얼마나 많은 시행착오를 견뎌냈는지는 잘 보지 않으려 한다.

그러다 보면 자연스럽게 이런 질문 앞에 서게 된다. 나는 과연 그만한 수고를 감당할 수 있을까. 그런 압박을 오래 견딜 수 있을까. 아무도 알아주지 않는 시간을 묵묵히 버텨낼 준비가 되어 있을까. 아마 많은 사람이 이 질문 앞에서 한 번쯤은 걸음을 멈출 것이다. 그럼에도 우리는 종종 누군가는 운이 좋아 노력 없이 성공했다고 믿고, 왜 나에게는 그런 행운이 오지 않는지 괴로워하며 자신을 몰아붙인다. 비교는 이렇게 과정을 지워 버리고 결과만 남긴다.

하지만 조금만 더 깊이 들여다보면, 성공은 결코 손에 닿을 수 없는 것도 아니고, 순전히 우연에 맡겨진 것도 아님을 알게 된다.

갑자기 출세한 것처럼 보이는 친구 역시 그 이전에 남들보다 더 긴 시간과 더 많은 인내를 견뎌냈을지도 모른다. 그가 참고 버티는 동안 우리는 상대적으로 편안함을 선택하며 살아왔을 수도 있다.

사람은 각자 자신의 인생 목표를 어떻게 이해하느냐에 따라 서로 다른 길을 선택할 뿐이다. 누군가가 선택한 길에는 그에 맞는 종점이 있고, 내가 선택한 길에도 또 다른 종점이 기다리고 있다. 물론 그 과정에는 운명적인 요소도 섞여 있겠지만, 결국 어떤 길을 택했는지가 가장 기본적인 출발점이 된다.

절대적으로 동경할 만한 인생은 없다. 우리는 각자 다른 출발선에서 다른 길을 선택해 살아갈 뿐이다. 다만 길의 중간쯤에 이르러 흔들리기도 한다. 마치 어떤 길의 끝에만 보상이 있고, 그곳에 닿지 못하면 지금까지의 선택이 모두 틀린 것처럼 느껴질 때가 있기 때문이다. 그러나 삶은 하나의 길로만 증명되지 않는다. 어디에 도착했느냐보다 내가 선택한 길을 어떤 태도로 걸어왔는지가 중요하다.

완벽한 답도 없고,
영원한 안정도 없다.
우리가 붙잡을 수 있는 것은
매 순간의 선택뿐이다.
그 선택이 쌓여
결국 '나'라는 사람이 된다.

당신에게 '힘'을
건네고 싶다!

마지막 장까지 이 책을 읽어주신 독자 여러분께 감사의 마음을 전한다. 처음부터 차례대로 읽은 분도 있을 것이고, 마음이 닿는 부분부터 골라 읽은 분도 있었을 것이다. 어떤 문장에서는 고개를 끄덕였을 것이고, 어떤 대목에서는 쉽게 동의하지 못했을지도 모른다. 그것으로 충분하다.

사실 이 책을 쓰는 동안 나 역시 계속 변하고 있었기 때문이다. 다루는 주제도, 글이 향하는 방향도, 글 밖의 환경과 내 마음 역시 한 자리에 머물러 있지 않았다. 이 책은 이미 완성된 생각을 정리한 결과라기보다 변화하는 시간 속에서 고민하고 질문하며 지나온 기록이라 할 수 있다.

우리는 누구나 사람들 앞에서 자신의 '옳음'을 지키고 싶어 한다. 비판을 받거나 약점이 드러나는 일은 난처하고, 때로는 꽤 부끄럽

다. 그런 감정은 수치심이나 분노로 이어지기도 한다. 그래서 우리
는 쉽게 흔들리지 않는 사람처럼 보이려 애쓴다. 하지만 사실 '절대
적으로 옳은 상태'라는 것은 애초에 존재하지 않는다. 그걸 알면서
도 나 역시 종종 난처한 순간을 맞는다. 그럴 때마다 나에게 이렇
게 말해 준다. 이것은 실패가 아니라 아주 자연스러운 일이라고.

한번은 친구와 함께 타인의 비판에 어떻게 대응해야 하는지에
대해 꽤 깊은 대화를 나눈 적이 있다. 우리는 자신을 제법 성숙한
사람이라고 여기면서도, 비판 앞에서 마음이 상할 수 있다는 사실
만큼은 쉽게 인정하지 못한다는 데에 함께 고개를 끄덕였다.

사람은 이성만으로도, 감정만으로도 살아가지 않는다. 이성은
이해한다고 말하지만, 감정은 그보다 먼저 반응할 때가 많다. 그
간극은 모순처럼 느껴지기도 하고, 순간적으로는 자기 자신을 배
신한 것처럼 느껴지기도 한다. 어이없게 느껴질 수도 있다. 하지만
동시에 그것은 우리가 여전히 살아 있고, 무언가에 반응하며 살아
가고 있다는 증거이기도 하다.

나는 공개적인 자리에서 내 병에 대해 쉽게 말하지 못했다. 그
것이 사람들의 감정이나 동정심을 자극할 수 있다는 것을 알기 때
문이다. 또 원래 사람들 앞에서 개인적인 이야기를 절제하는 편이
기도 하다. 그래서 이 일을 꺼내는 것은 나에게 꽤 망설여지는 부
분이었다. 다만 이 이야기가 누군가에게 작은 위로나 격려가 될 수

있다면, 굳이 숨겨야 할 이유는 없다고 생각하게 되었다.

유방암 초기 진단을 받고 수술한 지 이제 2년 8개월이 지났다. 앞으로도 5년 동안 약을 복용해야 한다. 약통으로 치면 예순 개를 비워야 한다. 숫자로 적어 놓고 보면 담담해 보이지만, 그 시간은 결코 쉽지 않다.

얼마 전 한 매체에서 함께 일하고 싶다며 연락이 왔다. 편집자와 이야기를 나누던 중, 나는 처음으로 가볍게 넘기기 어려운 불편함을 느꼈다. 그는 내게 '암을 이겨낸 작가'라는 타이틀을 붙이고 싶다며, "흥미롭겠는데요."라는 말을 덧붙였다. 표현이 서툴렀을 수도 있다. 하지만 그 두 문장이 나란히 놓였을 때, 무엇이 흥미롭다는 것인지 도무지 이해할 수 없었다. 누군가의 질병과, 그 안에 포함된 죽음의 가능성이 과연 흥미의 대상이 될 수 있을까.

나는 웬만한 일 앞에서는 비교적 침착한 편이다. 그렇다고 해서 두렵지 않거나, 걱정이 전혀 없는 것은 아니다. 다만 그 감정들이 밖으로 흘러나가 다른 사람에게 짐이 되지 않도록 스스로 조심하며 다루고 있을 뿐이다.

이 이야기를 꺼낸 이유도 나 자신을 설명하고 싶어서라기보다는 비슷한 자리에 서 있는 누군가에게 혼자가 아니라는 말을 전하고 싶었기 때문이다. 각자의 방식은 다를지라도, 같은 방향에서 비슷한 마음으로 버티고 있는 사람이 있다는 사실만으로도 조금은 숨이 트일 수 있으니까.

신체의 변화는 마음에도 분명한 변화를 가져왔다. 나는 예전보다 한결 인심이 후해졌다. 이전 책을 쓰던 시기의 나는 지금보다 적대감이 컸다. 세상을 바라보는 시선도, 사람을 대하는 태도도 조금은 날이 서 있었다. 그런데 이번 책에서 다룬 주제들은 결코 가볍지 않았음에도, 오히려 더 많은 것을 이해하게 되었다. 지난 2~3년은 내게 분명히 성장의 시간이었고, 그 변화는 생각보다 깊은 곳까지 닿아 있었다.

사람이 다른 종과 구별되는 지점은 결국 정신세계에 있는 것 같다. 인간은 생명의 의미와 삶의 의미를 끊임없이 묻는다. 아주 사소한 일 앞에서도 그렇다. 그런 질문들은 때로 자기 자신을 피곤하게 만들기도 한다. 하지만 어느 순간 그 의미를 발견하게 되면, 마치 상을 받은 것처럼 기쁘다. 그리고 그 작은 기쁨이 다시 삶을 조금 더 위로 밀어 올린다.

한번은 홍보 자리에서 한 여성이 내게 물었다. 왜 페미니즘이나 여성의 성장 같은 주제를 계속 탐구하느냐는 것이었다. 아직 젊어 보이고, 생활이 크게 어려워 보이지도 않는데 왜 그렇게 진지하고, 자기 삶과는 거리가 있어 보이는 이야기를 하느냐는 질문이었다. 나는 이 주제가 결코 가볍지 않다는 점에는 고개를 끄덕였다. 다만 나와 무관하다는 말에는 선뜻 동의할 수 없었다. 이 문제는 여성만의 이야기가 아니라, 남성에게도 결국은 우리 모두에게 이어져 있는 이야기라고 생각했기 때문이다. 그래서 나는 그녀에게 질병 이후 달라진 내 마음에 대해 조심스럽게 말했다.

"예전의 나는 개인적인 즐거움을 더 좋았다면, 지금의 나는 인생의 의미를 더 자주 생각하게 되었어요."

그 말을 한 뒤 잠시 흐르던 정적을 나는 아직도 또렷하게 기억한다. 눈앞에 서 있는 비교적 에너지 넘쳐 보이는 작가가 그런 상태일 거라고는 아마 쉽게 상상하지 못했을 것이다. 그 침묵 속에는 놀람과 당혹, 그리고 아주 짧은 이해의 시간이 함께 섞여 있었던 것 같았다.

"저에게는 나의 나약함을 드러낼 권리가 있습니다. 하지만 저는 제 에너지를 더 많이 보여주고 싶습니다."

이 말은 그 이후로 여러 사람에게 전해졌다. 그리고 이제는 이 책을 읽고 있는 당신에게도 건네고 싶다. 각자의 운명이 우리에게 조금만 더 따뜻하기를 바란다. 설령 지금 어둠 속을 걷고 있더라도, 우리는 스스로를 밝힐 수 있다는 사실을 잊지 않기를 바란다.

그 빛은 누군가가 대신 비춰주는 것이 아니라, 우리 안에 이미 자리하고 있는 가장 원시적이고도 생생한 생명력에서 나온다. 나는 그 사실을 함께 기억해 주기를, 그리고 각자의 속도로 그 빛을 믿어주기를 바란다.

작가와의 문답

Q1

평소에는 쉽게 휘둘리지 않는 편이라고 생각하지만, 막상 중요한 결정을 내려야 할 순간이 되면 마음이 약해질 때가 있습니다. 이런 나를 어떻게 바라보는 것이 좋을까요? 또 그럴 때는 마음을 어떻게 다루는 게 좋을까요?

A1

예전에 한 지인이 마음이 너무 힘들어서 세 시간을 쉬지 않고 걸은 적이 있다고 했습니다. 그렇게 걷고 나니 생각이 조금 정리됐고, 더 이상 그렇게 슬프지 않게 되었다고 하더군요. 아마 그 순간에는 감정에 끌려가기보다 상황을 한발 떨어져 바라볼 수 있는 이성이 앞섰던 것 같습니다.

심리적으로 볼 때 감정은 본래 일관되지 않습니다. 같은 상황을 두고도 마음이 왔다 갔다 하고, 판단이 흔들리는 것은 매우 정상적인 반응입니다. 이런 상태를 두고 '내가 약하다'거나 '문제가 있다'고 생각할 필요는 없습니다. 오히려 인간의 뇌는 감정과 이성이 동시에 작동하며, 그 과정에서 자연스럽게 갈등을 만들어 냅니다.

중요한 지점은 감정이 아니라 결정의 순간입니다. 감정은 흐르도록 두어도 되지만, 행동까지 함께 흔들리기 시작하면 상황은 빠르게 복잡해집니다. 특히 지금 이 순간에도 손해나 상처가 발생하고 있다면, 그때는 충분히 고민이 끝나지 않았더라도 일단 '멈추는' 선택이 필요합니다. 이는 감정을 무시하는 것이 아니라 더 큰 피해를 막기 위한 심리적 안전장치입니다. 마음속의 고민은 시간을 두고 천천히 정리해도 괜찮습니다. 감정은 서둘러 결론을 내린다고 해서 정리되지 않습니다. 그러나 그 불안정한 상태에서 내리는 반복적이거나 즉흥적인 선택은 문제를 해결하기보다 오히려 문제를 키울 가능성이 큽니다. 관계에서도 마찬가지입니다. 일관성 없는 행동은 상대에게 혼란을 주고, 신뢰를 약화시키기 쉽습니다.

그래서 심리적으로 가장 현실적인 태도는 감정과 결정의 역할을 분리하는 것입니다. 감정은 충분히 느끼고 이해하되, 결정과 행동은 비교적 명확한 기준에 따라 관리하는 것입니다. 이렇게 할 때 우리는 감정에 휩쓸리지 않으면서도, 자신을 억압하지 않는 균형 지점에 설 수 있습니다.

Q2

저는 이유를 알 수 없는 책임감을 늘 느끼며, 모든 일을 내가 책임져야 할 것처럼 마음이 무거워질 때가 있습니다. 이런 경우에는 어떻게 부담을 덜고 조금 더 편해질 수 있을까요?

A2

심리적으로 보면 과도한 책임감은 성실함의 문제라기보다 경계가 흐려진 상태에서 자주 나타납니다. 사람은 본래 모든 일을 책임질 수 있는 존재가 아닙니다. 이 사실을 머리로 아는 것과 마음으로 받아들이는 것은 전혀 다른 문제이지만, 이 구분을 인식하는 것부터가 중요합니다. 젊을 때는 노력만 하면 대부분의 일을 해결할 수 있을 것처럼 느껴지기 쉽습니다. 그래서 일이 잘 되지 않으면 '내가 더 책임졌어야 했나'라고 자신을 몰아붙이게 됩니다. 하지만 나이가 들수록 삶에는 개인의 의지로 통제할 수 없는 변수와 우연, 타인의 선택이 훨씬 많다는 사실을 알게 됩니다. 그때부터는 책임의 범위를 다시 설정할 필요가 생깁니다.

모든 일에 책임을 지려 하기보다 나의 선택과 역할이 직접적으로 닿아 있는 부분까지만 책임지는 것이면 충분합니다. 그 범위 안에서 자신의 몫을 해내는 것만으로도 이미 충분히 잘하고 있는 셈입니다. 책임을 덜어낸다고 해서 성숙함이 사라지는 것은 아닙니다. 오히려 책임의 경계를 분명히 할수록 마음은 더 안정됩니다.

또 하나 중요한 점은 책임이 반드시 삶을 무겁게 만드는 것은 아니라는 사실입니다. 자신이 감당할 수 있는 책임을 스스로 선택해서 지는 과정은 삶을 통제할 수 있다는 감각을 회복하는 일이기도 합니다. 그 안에서 만족감과 자율성이 함께 자라납니다.

그래서 책임을 내려놓는다는 것은 무책임해지는 일이 아닙니다. 삶의 무게를 현실적으로 조정하는 일에 가깝습니다. 모든 짐을 내려놓을 필요는 없습니다. 다만 내 것이 아닌 짐까지 끌어안고 있지는 않은지 한 번쯤 점검해 보는 것만으로도 마음은 조금 가벼워질 수 있습니다.

새로운 연애를 시작할 때 과거의 연애사를 모두 솔직하게 말해야 할까요?

A3

반드시 그럴 필요는 없다고 생각합니다. 연애에서의 솔직함은 '전부 말하는 것'과 꼭 같은 뜻은 아니기 때문입니다. 다만 과거의 이야기를 나누기로 했다면, 그것은 상대의 요구에 밀려서가 아니라 자신의 선택에서 나오는 편이 좋습니다. 지난 시간을 공유하고 싶다는 마음, 그리고 지금의 관계를 진지하게 대하고 있다는 태도에서 비롯된 이야기여야 한다는 뜻입니다.

조금만 차분하게 생각해 보면, 어떤 관계도 상대에게 과거를 전부 꺼내 놓으라고 요구하지는 않습니다. 일부러 숨기거나 속일 필요는 없지만, 그렇다고 해서 모든 경험을 세세히 공개해야 할 의무가 있는 것도 아닙니다. 오히려 준비되지 않은 고백은 관계에 불필요한 부담을 남기기도 합니다.

중요한 것은 얼마나 많이 말했느냐가 아니라, 지금 이 관계 안에 얼마나 정직하게 머물고 있는지입니다. 과거를 모두 드러내는 것이 진실함의 증거는 아닙니다. 지금의 선택과 태도가 일관되고, 상대를 존중하는 방향으로 관계를 이어가고 있다면, 그 자체로 충분히 솔직한 연애라고 볼 수 있습니다.

Q4

연애를 시작하고 시간이 지나면 권태기를 느끼게 되는데, 이런 감정을 어떻게 받아들이는 게 좋을까요?

A4

연애에서 권태를 느끼는 것은 매우 자연스러운 과정입니다. 인간의 뇌는 새로운 자극에 강하게 반응하도록 설계되어 있기 때문에 연애 초기의 열정은 시간이 지나며 점차 안정 상태로 이동하게 됩니다. 이 변화는 사랑이 사라졌다는 신호라기보다 관계가 흥분 중심의 단계에서 안정 중심의 단계로 전환되고 있다는 신호입니다.

연애 초반에는 호기심, 긴장감, 기대감이 강하게 작용합니다. 이 시기에는 도파민과 같은 신경전달물질이 활발하게 분비되면서 감정이 크게 요동칩니다. 그러나 이 상태가 장기적으로 유지되기는 어렵습니다. 시간이 지나면 뇌는 점차 자극에 익숙해지고, 감정의 강도도 자연스럽게 낮아집니다. 이것이 흔히 말하는 '권태'로 인식됩니다.

중요한 점은 이 시점부터 관계의 성격이 달라진다는 것입니다. 권태가 찾아온 뒤의 관계는 감정의 강도보다 선택, 신뢰, 태도에 의해 유지됩니다. 서로를 더 현실적인 존재로 받아들이고, 일상 속에서 어떻게 함께 살아갈지를 고민하는 단계로 넘어가는 것입니다. 이 과정은 느리고 반복적이며, 때로는 지루하게 느껴질 수도 있습니다. 하지만 바로 이 지점에서 관계의 깊이가 형성됩니다.

따라서 권태를 느낀다고 해서 곧바로 사랑이 끝났다고 해석할 필요는 없습니다. 오히려 이 감정은 관계가 다음 단계로 이동하고 있다는 신호일 수 있습니다. 심리적으로 건강한 태도는 권태를 없애려 애쓰기보다 지금의 관계가 어떤 단계에 와 있는지를 인식하고 받아들이는 것입니다.

열정이 줄어든 자리를 대신하는 것은 감정이 아니라 태도입니다. 함께 시간을 어떻게 쓰는지, 갈등을 어떻게 다루는지, 상대를 어떤 방식으로 존중하는지가 관계를 이어가는 핵심 요소가 됩니다. 권태는 관계의 실패를 의미하지 않습니다. 그것은 사랑이 감정 중심에서 삶의 구조 안으로 들어오는 과정이라고 볼 수 있습니다.

Q5

어떤 사안을 판단할 때, 성별은 기준이 되어야 할까요?

A5

성별은 어떤 상황에서는 중요한 변수가 될 수 있지만, 모든 판단의 기준이 되어서는 안 됩니다. 핵심은 성별을 고려해야 할 때와 그렇지 않은 때를 구분하는 데 있습니다.

예를 들어, 신체적 폭력이나 위협이 개입된 상황에서는 성별이 현실적인 판단 요소가 됩니다. 평균적인 체력 차이나 사회적 힘의 구조는 실제 위험도에 영향을 미치기 때문입니다. 그래서 가정 폭력이나 물리적 위력의 문제를 다룰 때, 많은 사람이 남성이 가해자일 가능성을 먼저 떠올리는 것도 심리적으로 무리는 아닙니다. 물론 반대의 경우도 존재하지만, 통계적으로는 드문 편이라는 점 역시 함께 고려됩니다.

하지만 교육, 진로, 관계의 선택, 삶의 방향처럼 장기적인 삶의 궤적을 판단할 때는 이야기가 달라집니다. 같은 환경에서 교육받고, 비슷한 기회를 경험한 이후의 삶에서는 성별보다 개인의 선택, 성격, 환경, 그리고 일정 부분의 우연이 더 큰 영향을 미치는 경우가 많습니다. 이 지점에서는 성별이 판단의 결정적 기준이 되기 어렵습니다.

문제는 우리가 모든 사안을 지나치게 성별의 틀로 해석하는 데 익숙해져 있다는 점입니다. 그렇게 되면 실제로 보호가 필요한 영역과, 개인의 책임과 선택이 존중되어야 할 영역이 뒤섞이기 쉽습니다. 그 결과 중요한 논의는 단순화되고, 오히려 현실을 제대로 보지 못하게 되기도 합니다.

심리적으로 성숙한 태도는 성별을 지우는 것도, 성별을 과도하게 강조하는 것도 아닙니다. 언제 성별을 고려해야 하고, 언제 개인으로 바라봐야 하는지를 구분하는 감각을 회복하는 것입니다. 지금 우리 사회에 필요한 것은 성별이라는 하나의 잣대가 아니라, 상황에 맞는 판단의 균형이라고 생각합니다.

Q6

사랑하지 않는 사람과의 결혼에 대해서는 어떻게 생각하시나요?

A6

결혼을 선택하는 이유와 목적은 사람마다 매우 다릅니다. 그래서 사랑이 반드시 결혼의 전제 조건이어야 한다고 단정하기는 어렵습니다. 실제로 역사적으로도 결혼은 지금 우리가 말하는 의미의 '연애 감정'보다는 생계, 역할 분담, 가족 간의 합의, 사회적 안정과 같은 요소를 중심으로 이루어져 왔습니다. 그렇다고 해서 사랑에 기반하지 않은 결혼이 본질적으로 잘못되었다고 보기도 어렵습니다.

다만 중요한 것은 그 선택이 본인에게 어떤 의미를 갖는지입니다. 사랑하지 않는 사람과의 결혼을 고민하고 있다면, 그 선택이 단순한 회피나 불안의 결과인지, 아니면 충분히 숙고한 끝에 내린 현실적인 판단인지를 스스로 점검해 볼 필요가 있습니다. 심리적으로 문제가 되는 지점은 사랑의 유무 자체보다 그 선택이 자신의 욕구와 가치에 얼마나 부합하는가입니다.

또 하나 살펴볼 부분은 그 관계에서 내가 지속적으로 만족할 수 있는 구조가 마련되어 있는지입니다. 정서적 친밀감이 부족한 상태에서도 존중, 신뢰, 안정감, 협력 같은 요소로 관계를 유지할 수 있는지, 그리고 그 안에서 상대의 만족뿐 아니라 나의 삶의 만족도 함께 지켜질 수 있는지가 중요합니다.

결혼은 어떤 감정 하나로 평가할 수 있는 선택이 아닙니다. 심리적으로 건강한 선택이란, 사회적 기준이나 타인의 시선에 맞춘 결정이 아니라 자신이 감당할 수 있는 삶의 형태를 스스로 인식한 뒤 내리는 선택입니다. 사랑하지 않는 결혼이 항상 불행으로 이어지는 것도 아니고, 사랑으로 시작한 결혼이 반드시 만족으로 유지되는 것도 아닙니다. 중요한 것은 그 선택이 나를 얼마나 소외시키지 않는가, 그리고 그 삶을 내가 책임질 수 있는가라는 점이라고 생각합니다.

Q7

친밀한 관계에서 반복되는 원망 감정은 관계의 안정성과 신뢰에 어떤 방식으로 작용할까요?

A7

원망에는 경계선이 있고, 그 선을 넘기 시작하면 관계의 기류가 달라집니다. 상대는 점점 부담을 느끼게 되고, 원망하는 사람이 등장하는 것만으로도 긴장하거나 위축되는 경험을 하게 됩니다. 마치 짙은 안개가 낀 날

처럼, 함께 있는 시간 자체가 무겁게 느껴지는 상태가 되는 것이죠. 이런 분위기를 오래 견뎌낼 수 있는 관계는 많지 않습니다. 또 하나 중요한 점은 한쪽의 원망이 반복되면, 다른 한쪽은 점점 방어적이 되거나 거리를 두려는 방향으로 움직이게 됩니다.

그래서 원망이 자주 느껴질 때는 그 감정을 바로 상대에게 향하게 하기보다 먼저 자신 쪽으로 가져와 살펴볼 필요가 있습니다. 무엇이 그렇게 쌓였는지, 내가 기대한 것은 무엇이었는지, 그리고 그 기대가 현실적인 것이었는지를 점검하는 과정이 필요합니다. 원망은 대개 해결되지 않은 실망이나 반복된 좌절에서 비롯되기 때문입니다.

관계를 지키는 데 중요한 것은 원망을 없애는 것이 아니라 원망이 쌓이기 전에 감정을 다루는 능력입니다. 자신의 감정을 인식하고, 그 감정을 어떻게 표현할지 선택하는 것. 그 선택이 반복될수록 관계는 조금씩 숨 쉴 공간을 되찾을 수 있습니다.

Q8

A8

외모 콤플렉스는 개인의 취약함이나 의지 부족에서 비롯되는 문제가 아닙니다. 오히려 우리가 매일 접하는 정보와 사회가 끊임없이 제시하는 미의 기준과 깊이 연결되어 있다고 생각합니다. 특히 여성에게는 아름다움과 젊음이 지나치게 강조되어 왔고, 그 기준에 맞지 않으면 자신을 부정하게 만드는 구조에 놓이기 쉽습니다. 이 자체가 이미 상당히 왜곡된 환경이라고 볼 수 있습니다.

외모 콤플렉스가 힘든 이유는 그것이 단순한 불만을 넘어 자기 가치 전체를 평가하는 기준으로 작동하기 때문입니다. 거울을 볼 때마다, 타인의 시선을 의식할 때마다, 삶의 다른 장면들까지 함께 위축되곤 합니다. 이 상태에서 '생각을 바꿔라', '자신감을 가져라'라는 조언은 거의 도움이 되지 않습니다. 마음은 그렇게 쉽게 방향을 틀지 않기 때문입니다.

심리적으로 보다 현실적인 접근은 외모에 대한 집착을 억지로 없애려 하기보다 삶의 중심을 옮기는 것입니다. 외모는 삶의 일부일 수는 있지만, 삶 전체를 지탱하는 축이 되기에는 지나치게 불안정한 기준입니다. 반면 일, 관계, 배움, 일상의 성취처럼 시간이 쌓일수록 깊어지는 영역들은 비교적 안정적인 자존감의 토대가 됩니다.

외모에만 시선을 고정할수록 삶은 점점 좁아지지만, 삶 전체를 가꾸는 단계에 이르면 기준은 자연스럽게 달라집니다. 그 지점에 이르면 비로소 자신을 지탱할 힘이 생기고, 아름다움이나 못남이라는 단순한 잣대에 덜 휘둘리게 됩니다. 그래서 저는 외모를 바꾸기보다 각자의 삶을 단단하게 가꾸는 방향으로 시선을 옮겨 보기를 권하고 싶습니다. 그 과정에서 콤플렉스가 사라지지 않더라도, 더 이상 삶의 중심을 차지하지는 않게 될 것이라고 생각합니다.

Q9

어떻게 해야 고통을 내려놓고 즐겁게 살 수 있을까요?

A9

즐거움은 생각보다 짧고 쉽게 사라지는 감정이라고 생각합니다. 그래서 저는 즐거움을 직접적으로 쫓기보다는 그보다 먼저 낙관적인 마음을 기르는 일이 중요하다고 봅니다. 낙관은 단순한 긍정과는 다릅니다. 앞으로 나아갈 수 있다고 믿는 태도이며, 상황을 바라보는 방향을 조금 더 넓게 만들어 주고, 자신에 대한 신뢰를 키워줍니다.

낙관적인 마음을 가지면 고통 속에 머무는 시간이 점차 줄어들기 시작합니다. 고통이 완전히 사라지지 않더라도, 그 늪에서 빠져나올 수 있는 힘이 생기기 때문입니다. 많은 사람은 고통이 두려워 몸부림치지만, 두려워하는 마음만으로는 상황이 나아지지 않습니다.

중요한 것은 고통을 없애려 애쓰기보다 그 고통이 더 커지지 않도록 다루는 태도입니다. 고통을 계속 확대하지 않는 마음, 그 출발점이 바로 '낙관'이라고 생각합니다. 그렇게 마음의 방향을 조금씩 바꾸다 보면, 즐거움은 목표가 아니라 결과로서 자연스럽게 따라오게 됩니다.

Q 10

늘 사람들과 잘 섞이지 못한다고 느끼는 경우, 어떻게 해야 귀속감을 가질 수 있을까요?

A 10

최근 몇 년간 제가 자주 떠올리는 단어는 '에너지'입니다. 삶의 에너지가 어디에서 오는지, 그리고 내가 느끼는 귀속감은 무엇에서 비롯되는지를 먼저 자신에게 물어볼 필요가 있다고 생각합니다. 만약 에너지가 사람들과의 교류에서 나오지 않는다면, 굳이 그 안에 억지로 섞이려 애쓸 필요는 없습니다. 대신 자신만의 에너지 원천이 무엇인지 차분히 찾아보는 일이 중요합니다.

다만 사람들과 어울리는 것을 좋아하지 않는 것과, 인간관계에서 기본적인 태도를 지키는 일은 분리해서 생각해야 합니다. 사회적 교류를 즐기지 않을 수는 있지만, 그 안에서 최소한의 예의와 기술을 갖추는 것은 또 다른 문제입니다. 이를 혼동하게 되면, 불필요한 오해나 고립이 생길 수 있습니다.

'귀속감'은 반드시 많은 사람 속에서만 생기는 것은 아닙니다. 자신이 편안함을 느끼는 자리와 방식에서 에너지를 잃지 않고 머물 수 있을 때 자연스럽게 형성된다고 생각합니다.

Q11

왜 우리는 삶의 불확실성을 늘 받아들이기 어렵게 느낄까요?

A11

2020년 초에 시작된 코로나는 우리에게 중요한 사실을 하나 남겼다고 생각합니다. 평소 우리는 내일이 오늘과 크게 다르지 않을 것이고, 삶은 점진적으로 더 나아질 것이라고 믿어왔습니다. 하지만 전혀 예상하지 못한 현실이 갑자기 찾아왔고, 그 경험을 통해 우리는 불확실성이 무엇인지 체감하게 되었습니다.

다만 저는 불확실성을 반드시 받아들여야만 한다고 생각하지는 않습니다. 중요한 것은 그것을 이해하거나 인정하는 일이 아니라, 불확실성이 닥쳤을 때 견뎌낼 수 있는 힘을 갖추는 일이라고 봅니다. 삶은 언제든 예상 밖의 방향으로 흔들릴 수 있기 때문입니다.

사람들은 흔히 "준비가 되면 하겠다."라고 말합니다. 그러나 현실에서 준비가 완전히 끝나는 순간은 좀처럼 오지 않습니다. 그래서 우리는 어떤 완벽한 시점을 기다리기보다 늘 준비된 태도로 살아가야 하는지도 모릅니다. 불확실성을 없애려 애쓰기보다 그 안에서도 버틸 수 있는 자신을 만드는 것, 그것이 삶을 대하는 보다 현실적인 자세라고 생각합니다.

Q 12

다른 사람에게 지나치게 많은 이야기를 털어놓는 습관을 멈추고 싶을 때는 어떻게 해야 할까요?

A 12

흔히 '다 터놓고 이야기한다'는 말은 감정이나 성격과 같은 개인적인 영역을 가리키는 경우가 많습니다. 일상적인 관계에서는 그 솔직함이 친밀함으로 이어질 수도 있습니다. 그러나 사회적 교류, 특히 직장에서는 이야기가 조금 달라집니다. 감정보다 전문성과 역할이 더 중요하게 작동하기 때문입니다.

우리는 솔직함이 언제나 장점이라고 생각하기 쉽지만, 직장에서는 오히려 원칙을 흐리는 행동으로 보이거나, 전문성이 부족하다는 인상을 줄 수도 있습니다. 선의로 좋은 관계를 만들고 싶다는 마음에서 쉽게 마음을 열었더라도, 나중에 그것이 과했다는 사실을 깨닫는 경우도 적지 않습니다. 만약 그 결과를 미리 알았다면, 그렇게 서두르지는 않았을 것입니다.

중요한 것은 솔직함 자체를 버리는 것이 아니라 언제, 어디까지가 적절한지 스스로 기준을 세우는 일이라고 생각합니다. 과유불급이라는 말처럼 관계에서도 지나침은 오히려 부담이 될 수 있습니다. 자신을 보호하는 선을 분명히 하는 것이 결국 더 안정적인 관계를 만드는 데 도움이 됩니다.

Q 13

성평등 교육은 꼭 필요하다고 생각하시나요?

A 13

저는 매우 필요하다고 생각합니다. 생물학적으로 사람을 나누면 남성과 여성으로 구분할 수 있지만, 심리적으로는 그보다 훨씬 다양한 유형이 존재합니다. 한 사람을 단순히 성별로만 이해하는 데에는 분명한 한계가 있습니다. 무엇보다 우리는 동성만으로 살아갈 수 없습니다. 연인 관계나 부부 관계, 가정을 이루는 삶 자체가 이미 이성과 긴밀하게 연결되어 있습니다. 일터와 사회적 관계 역시 마찬가지입니다. 서로 다른 성별의 사람들과 함께 일하고 협력하며, 관계를 맺는 것이 삶의 기본 구조이기 때문입니다.

이런 맥락에서 성평등 교육은 어느 한쪽을 교정하거나 비판하기 위한 것이 아니라 서로를 이해하고 존중하는 방법을 배우는 과정이라고 생각합니다. 이성을 이해하려는 노력 없이 건강한 관계를 유지하고 발전시키는 것은 어렵습니다. 성평등 교육은 관계를 더 나은 방향으로 이끌기 위한 최소한의 공통 언어를 마련해 주는 역할을 한다고 봅니다.

Q 14

집에서 받는 스트레스가 클 때, 단호해지자니 부모님이 상처받을까 걱정되고, 그대로 따르자니 제가 너무 힘들다면 어떻게 해야 할까요?

A 14

이 문제는 어느 나라, 어느 가정에서나 반복되는 매우 보편적인 고민이라고 생각합니다. 대부분의 부모는 이상적인 존재가 아니며, 의도하지 않게 자녀에게 큰 상처를 주는 경우도 있습니다. 많은 부모가 지위나 재산, 사회적 기준을 중요하게 여기고, 그 기준을 자녀에게 그대로 적용하려 하기도 합니다.

이럴 때 성인으로서 가장 먼저 갖추어야 할 것은 경제적 독립이라고 생각합니다. 이는 단순히 돈을 번다는 의미를 넘어 부모의 보호와 통제의 그늘에서 벗어난다는 뜻이기도 합니다. 부모가 그 사실을 인식하게 되면, 간섭의 강도는 자연스럽게 줄어드는 경우가 많습니다.

또 하나 중요한 것은 말보다 행동입니다. 당신은 지속적인 선택과 태도를 통해 '나는 부모와 다른 인격을 지닌 독립적인 존재이며, 지배의 대상이 아니다'라는 메시지를 보여주어야 합니다. 단호함은 감정을 상하게 하려는 의지가 아니라 자신을 지키기 위한 경계에서 비롯된다는 점을 잊지 않으셔도 됩니다. 관계를 완전히 끊지 않으면서도 거리를 조절하는 일, 그것이 지금의 상황에서 가장 현실적인 선택일 수 있습니다.

Q 15

갈등이 두려워 반대 의견을 말하지 못한 채 손해를 보는 경우가 잦다면, 어떻게 해야 할까요?

A 15

우리는 자라면서 늘 사이좋게 지내는 것이 중요하다고 배워 왔습니다. 그 과정에서 갈등은 마치 피해야 할 문제이거나, 잘못된 일처럼 인식되기도 합니다. 하지만 사람마다 생각이 다른 것은 지극히 자연스러운 일입니다. 반대 의견을 낸다고 해서 반드시 싸움으로 이어지는 것은 아닙니다.

문제는 많은 사람이 '반대'를 공격이나 반항처럼 받아들인다는 데 있습니다. 이는 반대 의견 그 자체보다 반대에 대한 인식에 문제가 있음을 보여줍니다. 그래서 자기 생각을 말하지 못한 채 참고 넘기다 보면, 마음속에는 서운함과 원망이 차곡차곡 쌓이게 됩니다.

그러다 어느 순간 감정이 폭발하거나 관계 자체가 더 크게 흔들리는 일이 생기기도 합니다. 그렇기 때문에 중요한 것은 반대를 억누르는 것이 아니라, 감정을 앞세우지 않고 이성적으로 자신의 의견을 표현하는 연습이라고 생각합니다. 평온한 태도로 경계를 세우는 법을 익힐 때, 갈등은 피해야 할 대상이 아니라 조율 가능한 과정이 될 수 있습니다.

Q 16

혼자 사는 삶과 결혼 생활 중, 어떤 선택이 더 바람직하다고 보시나요?

A 16

이 질문에서 우리가 정말로 고민해야 할 것은 어느 쪽이 더 낫느냐의 문제가 아닙니다. 혼자 살아가기로 선택하셨다면, 혼자로서 삶을 어떻게 더 단단하고 충실하게 꾸려갈 것인지를 생각하는 일이 중요하고, 결혼을 선택하셨다면 그 관계를 어떻게 책임 있게 유지해 나갈 것인지를 고민하셔야 합니다. 중요한 것은 선택의 형태가 아니라, 그 선택을 대하는 태도입니다. 누구나 자신이 선택한 삶 앞에서 최선을 다할 책임이 있습니다. 물론 어떤 선택이든 장점과 함께 감당해야 할 어려움은 존재합니다. 그에 대한 판단과 책임은 결국 본인이 짊어질 수밖에 없습니다.

그래서 주변에서 흔히 들려오는 '당신을 위해서 하는 말'이라는 표현이 때로는 부담스럽게 느껴지기도 합니다. 그것은 타인이 대신 결정해 줄 문제가 아니라 스스로 마주하고 감당해야 할 삶의 몫이기 때문입니다.

Q 17

자신의 감정을 잘 조절하려면, 어떤 태도가 필요할까요?

A 17

사람은 본능적으로 자신에게 이로운 것은 따르고, 해가 되는 것은 피하려는 존재입니다. 그래서 이익과 손해가 분명하게 드러나는 상황에서는 감정을 어느 정도 눌러둘 수 있지만, 기준이 모호해지는 순간에는 감정에 쉽게 휘둘리곤 합니다. 바로 이 지점에서 절제가 필요합니다.

또 다른 관점에서 보면, 부정적인 감정이 올라온다는 것은 내가 감당하기 어렵다고 느끼는 문제가 발생했다는 신호이기도 합니다. 그렇다면 감정에 즉각 반응하기보다 가능한 모든 해결책을 떠올리고 문제를 최대한 빠르게 정리하려는 태도가 요구됩니다. 이러한 방식은 반복할수록 점차 힘을 발휘합니다. 특히 이득과 손해가 분명하지 않은 상황일수록 순간의 감정보다 교양과 태도가 우리를 붙잡아야 한다는 사실을 잊지 않으셔야 합니다. 감정을 다스린다는 것은 참는 게 아니라, 내 삶을 내가 이끌겠다는 선택입니다.

Q 18

이유 없이 외로움을 자주 느끼는 것은 문제가 있는 상태라고 보아야 할까요?

A 18

외로움을 느끼는 일은 다른 감정을 느끼는 것과 본질적으로 다르지 않습니다. 수많은 예술 작품에서도 외로움은 오래도록 다양한 방식으로 다루어져 왔습니다. 어떤 이는 그것을 견디기 어려운 결핍으로 표현했고, 또 다른 이는 오히려 고귀하고 사유를 깊게 하는 감정으로 받아들였습니다. 외로움은 그 자체로 병이라기보다 인간이 지닌 예민한 감정 가운데 하나로 볼 수 있습니다. 다만 그 감정이 삶을 압도하고 자신을 지나치게 괴롭힌다면, 적절히 풀어내려는 노력이 필요합니다. 반대로 일상을 해치지 않는 수준이라면, 굳이 없애려 애쓰지 않아도 됩니다. 외로움은 반드시 두려워해야 할 대상은 아닙니다.

Q 19

불안한 마음을 조금이라도 덜어내기 위해서는 어떤 방법이 도움이 될까요?

A 19

'불안'은 매우 주관적인 감정입니다. 그래서 제가 사용하는 방법은 이 주관적인 감정을 가능한 한 객관화하는 데 있습니다. 예를 들어 '나는 늘 불안하다'라고 막연하게 말하기보다 무엇이 나를 불안하게 만드는지 하나씩 구체적으로 짚어 보고, 각각에 대해 현실적인 대책을 세운 뒤 실행에 옮기는 것입니다.

실제로 행동을 시작하고 나면, 정체를 알 수 없던 불안은 자연스럽게 힘을 잃습니다. 꿰뚫어 볼 수 있을 때 비로소 마음은 가벼워지고 삶 역시 조금은 편안해집니다.

참견하는 세상에
휘둘리지 않는 법

펴낸날 2026년 3월 20일 1판 1쇄

지은이 챠오쟈
옮긴이 이에스더
펴낸이 金永先
편집 이교숙
디자인 바이텍스트

펴낸곳 알토북스
주소 경기도 고양시 덕양구 청초로 10 GL 메트로시티한강 A1-1924호
전화 (02) 719-1424
팩스 (02) 719-1404
출판등록번호 제 13-19호

ISBN 979-11-94655-27-5(03190)

알토북스와 함께 새로운 문화를 선도할 참신한 원고를 기다립니다.
이메일 geniesbook@naver.com (원고 투고)